...to de cobre do mundo.

...n outra, pela sua "mina Calumet"

...aginação". Esse curso das 15 Leis

...e você pode se surpreender quando

PRIMEIRAS EDIÇÕES de Napoleon Hill

Título original: *Napoleon Hill's First Editions*

Primeiras edições de Napoleon Hill
1ª edição: Maio 2025

Autores:
Napoleon Hill / Fundação Napoleon Hill

Tradução:
Karina Gercke

Preparação de texto:
Flavia Araujo

Revisão:
Daniela Georgeto
3GB Consulting

Projeto gráfico e capa:
Luisa Tavares

Impressão:
Plena Print

DADOS INTERNACIONAIS DE CATALOGAÇÃO NA PUBLICAÇÃO (CIP)

Hill, Napoleon
Primeiras edições de Napoleon Hill: uma rara coletânea de artigos publicados pela primeira vez em Hill's Golden Rule Magazine & Napoleon Hill's Magazine / Napoleon Hill, Fundação Napoleon Hill; compilado e editado por Michael J. Ritt, Jr.; tradução de Karina Gercke. — Porto Alegre: Citadel, 2025.
256 p.

ISBN 978-65-5047-622-9
Título original: Napoleon Hill's First Editions

1. Desenvolvimento pessoal 2. Sucesso 3. Psicologia aplicada 4. Motivação 5. Autorrealização I. Título II. Fundação Napoleon Hill III. Gercke, Karina IV. Ritt Junior, Michael J.

25-1706 CDD - 158.1

Angélica Ilacqua - Bibliotecária - CRB-8/7057

Produção editorial e distribuição:

CITADEL Grupo Editorial
contato@citadel.com.br
www.citadel.com.br

PRIMEIRAS EDIÇÕES de *Napoleon Hill*

Uma rara coletânea de artigos
publicados pela primeira vez em
Hill's Golden Rule Magazine
&
Napoleon Hill's Magazine

Compilado e editado por Michael J. Ritt, Jr.

Tradução
Karina Gercke

CITADEL
Grupo Editorial
2025

...sito de cobre do mundo.

ou outra, pela sua "mina Calumet".

imaginação". Esse curso das 15 Leis do

t", e você pode se surpreender quando

z Centavos na sua "imaginação" antes de torná-la

O propósito do curso A Lei do Triunfo é possibilitar que você desc...

as invenções úteis...

os diz que não precisamos buscar...

n realidade.

Existem duas maneiras pelas quais você pode...

pelo que você está fazendo, usando apenas...

luta pela sua...

r lembrada.

estava Marshall Field. Ele viu...

o poder de promover...

no local de sua antiga loja, no...

as. Essa loja se tornou uma...

uanto pode se

prende, no início da...

ucesso nunca...

SUMÁRIO

…sito de cobre do mundo.

… ou outra, pela sua "mina Calumet".

…maginação". Esse curso das 15 Leis do

…t" e você pode se surpreender quando

…ez Centavos na sua "imaginação" antes de torná-la

O propósito do curso A Lei do Triunfo é possibilitar que você desc…

…as invenções úteis …

…os diz que não precisamos buscar o…

…m realidade.

Existem duas maneiras pelas quais você pode…

…luta pela sua perda de …

…r lembrada…

…estava Marshal Field. Ele …

o poder de promovê-lo …

…mo local de sua antiga loja, no …

…as. Essa loja se tornou uma …

…quanto pode se…

…prende, no início …

…sucesso num…

PREFÁCIO

por Don M. Green
Diretor-executivo da Fundação Napoleon Hill

Napoleon Hill nasceu em 1873, nas montanhas do sudoeste da Virgínia, em uma cabana rústica, numa região cujos habitantes, como ele costumava dizer, eram conhecidos por três coisas: brigas, alcoolismo e analfabetismo. Em uma autobiografia inédita, Hill, refletindo sobre sua infância, disse: "Por três gerações, as pessoas da minha família apenas nasceram, viveram, lutaram na ignorância e na pobreza e morreram sem nunca ter saído das montanhas da região".

Tendo nascido em uma área tão remota, com poucas oportunidades de sucesso, Napoleon não tinha motivos para esperar que ele se tornasse grande coisa. Então tudo começou a mudar. Ele perdeu a mãe quando tinha apenas nove anos, o seu pai se casou novamente em um ano, e a madrasta, Martha Ramey Banner, entrou em sua vida. Ela era instruída, culta, filha de um médico e viúva de um diretor de escola. Quando Martha olhou para o seu novo enteado, ela não viu outro garoto do interior e sem rumo, ela viu um garoto com energia, imaginação e iniciativa ilimitadas. Quando Napoleon tinha doze anos, Martha o ensinou a usar uma máquina de escrever. Aos quinze, ele já escrevia artigos para os jornais regionais.

Depois de se formar na escola secundária local em dois anos, Napoleon optou por frequentar uma escola técnica de administração. Seu objetivo era se preparar para trabalhar como assistente, que na época era o cargo inicial de um jovem que almejava se tornar executivo.

Após a conclusão do curso de administração, Hill escreveu ao general Rufus Ayres, um dos homens mais ricos da região, pedindo-lhe um emprego. Rufus Ayres, advogado de profissão, era um verdadeiro empresário, tendo seu próprio negócio bancário, minas de carvão e madeireira. Hill foi trabalhar para Ayres e, embora tenha sido muito bem-sucedido, crescendo rapidamente na empresa, em alguns anos percebeu que a sua verdadeira paixão era a advocacia.

Napoleon também convenceu seu irmão Vivian a se matricular na Georgetown Law School (Universidade de Direito de Georgetown) e, sendo um eterno otimista, Hill disse a Vivian que sustentaria os dois. Para tanto, Hill conseguiu um emprego como redator em uma revista de propriedade de Bob Taylor, ex-governador do Tennessee e senador dos Estados Unidos. Escrever histórias de sucesso compiladas das entrevistas de Napoleon Hill viria a definir o trabalho de sua vida.

Uma das primeiras entrevistas de Hill foi com o famoso barão do aço e filantropo Andrew Carnegie. A vida inteira de Carnegie foi um estudo da aplicação do que ele chamava de princípios do sucesso e realização pessoal. Carnegie veio para os Estados Unidos aos 12 anos de idade, com muito pouco aprendizado escolar, mas, ao passar de um emprego servil para um emprego melhor e de uma oportunidade menor para uma oportunidade maior, aos 35 anos, Andrew Carnegie elevou-se ao alto escalão dos construtores de impérios da América. A sua maior conquista foi a união de várias siderúrgicas no enorme conglomerado conhecido como U.S. Steel.

Carnegie viu a origem humilde de Hill como uma inspiração para superar obstáculos e alcançar objetivos dignos e, antes que o encontro terminasse, ele o desafiou a realizar um estudo sobre homens de sucesso e grandes líderes para que Hill pudesse compilar as informações e disponibilizá-las a outras pessoas como uma ferramenta para ajudá-las a alcançar os seus próprios objetivos. Hill aceitou o desafio e, embora Carnegie não lhe oferecesse salário, ele fez algo que se mostrou mais importante: apresentou Hill aos empreendedores, inventores, empresários, industriais e líderes políticos mais criativos e bem-sucedidos dos Estados Unidos.

Dez anos depois, Napoleon Hill encontrou o veículo de mídia perfeito para sua pesquisa sobre os segredos do sucesso. Entre 1918 e 1924, ele lançou e publicou duas revistas mensais – primeiro a *Hill's Golden Rule* e depois a *Napoleon Hill's Magazine*. São algumas das histórias e artigos que Hill escreveu para essas revistas que preenchem as páginas deste livro.

Os artigos escritos para a *Hill's Golden Rule* e para a *Napoleon Hill's Magazine* também proporcionaram um vislumbre do que seriam os futuros livros de Hill. Quando seu primeiro livro, *O manuscrito original: as leis do triunfo e do sucesso de Napoleon Hill*, foi publicado, em 1928, foi um sucesso instantâneo, rendendo a Hill até US$ 3 mil por mês – muito dinheiro para aquela época.

Em 1937, Hill concluiu o livro *Quem pensa enriquece*, sendo tão bem-recebido que foi reimpresso três vezes em seu primeiro ano – apesar de seu preço de venda de US$ 2,50 a cópia, quando o país estava em uma época de estagnação econômica, no meio da Grande Depressão. E isso foi antes dos meios de comunicação e de *marketing* disponíveis hoje. *Quem pensa enriquece* continua a vender centenas de milhares de cópias a cada ano em todo o mundo e tem seguidores devotados que percebem que a sua mensagem de filosofia do sucesso é tão relevante hoje como quando foi escrita pela primeira vez.

Hill continuou a comunicar os princípios do sucesso via rádio na década de 1940, no Warner Brothers Studio, em Hollywood, e mais tarde na WGN-TV, em Chicago. Seminários, palestras e apresentações pessoais continuariam, e, finalmente, foi criada a Fundação Napoleon Hill, sem fins lucrativos, para divulgar informações sobre os princípios do sucesso em todo o mundo. Embora Napoleon Hill tenha morrido em 1970, aos 87 anos, hoje os seus escritos são mais populares do que nunca.

Deixe que este livro lhe proporcione uma maior compreensão do trabalho de Hill. Se você é um admirador de seus *best-sellers*, como *O manuscrito original* ou *Quem pensa enriquece* – ou mesmo que este seja o seu primeiro livro de Napoleon Hill –, obterá *insights* que serão inestimáveis.

da

surpreen

imaginação" antes

do curso A Lei do

[illegible]

que não precis[illegible]

Você pode n

dade.

Existem duas maneiras pelas que

[illegible]

pelo que você está fazendo, usando

ósito de cobre do mundo.

ou outra, pela sua "mina Calumet".

imaginação". Esse curso das 15 Leis do

t", e você pode se surpreender quando

z Centavos na sua "imaginação" antes de torná-la

O propósito do curso A Lei do Triunfo é possibilitar que você dese

as invenções úteis

os diz que não precisamos buscar

n realidade.

Existem duas maneiras pelas quais você pode

luto pela sua perda

r lembrada.

estava Marshal Field. Ele

o poder de promovê-lo

mo local de sua antiga loja, no

as. Essa loja se tornou uma

uanto pode se

prende, no início

ucesso nunca

Capítulo I

O QUE VOCÊ PRECISA SABER

A primeira coisa que você precisa saber é como entender a passagem inicial do primeiro texto de Napoleon Hill, "O final do arco-íris". Hill apresenta esse artigo com uma declaração que teria sido completamente compreendida por seus fiéis leitores na época, mas deixará os leitores modernos perplexos.

Hill começa com a declaração um tanto grandiosa de que a história será uma recontagem dos dramáticos pontos de virada, os momentos decisivos, nos doze anos anteriores de sua vida. Então, logo na frase seguinte, ele diz que não vai contar tudo porque foi avisado pelos amigos para deixar de fora a parte final da história. Mas do que ele está falando?

A resposta é que ele está falando sobre um escândalo ocorrido um ano antes, e, para entender por que isso foi tão importante para ele, você deve primeiro saber que a *Napoleon Hill's Magazine*, na qual esse artigo apareceu, não foi a primeira revista de Hill. Foi a segunda, e o escândalo referido de forma tão enigmática envolve a sua saída como editor da primeira.

A primeira revista chamava-se *Hill's Golden Rule* (A regra de ouro de Hill) e nasceu na mente de Napoleon Hill no Dia do Armistício,

11 de novembro de 1918. O fim da Guerra Mundial inspirou tanto Hill que ele jurou naquele dia criar uma revista para promover a filosofia da regra de ouro na realização pessoal e no sucesso nos negócios. Ele conhecia o dono de uma gráfica que compartilhava de sua visão, e, em janeiro de 1919, eles publicaram a primeira edição. Foi um sucesso instantâneo.

Para Hill, parecia que a revista era a realização de tudo o que ele havia sonhado e para o qual havia trabalhado. Deu a ele uma plataforma nacional para revelar os segredos do sucesso que tinha aprendido em seus anos pesquisando os homens mais bem-sucedidos da América e também permitiu que ele ensinasse as lições que aprendera com os triunfos e fracassos de seus próprios negócios. *Hill's Golden Rule* era, em todos os sentidos, uma extensão dele, de seu talento, de sua filosofia e de sua paixão.

Então, no final do verão de 1920, Napoleon Hill descobriu que o seu sócio havia agido pelas suas costas e planejado assumir o controle da revista. A princípio, o sócio ofereceu pagar a Hill se ele assinasse um acordo prometendo sair da publicação. Hill recusou. Mas, quando saiu a edição de outubro, ele viu que seu nome havia sido retirado dos créditos.

Ele ficou arrasado. Por cerca de um mês. E, então, ficou bravo. E, então, deu o troco.

Em dois meses, Hill mudou-se de Chicago para a cidade de Nova York e levantou dinheiro suficiente para lançar uma nova publicação, a *Napoleon Hill's Magazine*. A primeira edição chegou às bancas em abril, e quando o artigo "O final do arco-íris" apareceu na edição de setembro, ficou claro que ele havia realizado a façanha quase inédita de lançar uma revista que seria lucrativa logo no seu primeiro ano!

A publicação desse artigo marcou o aniversário de um ano da retirada de Napoleon Hill da *Hill's Golden Rule*, e isso explica por que Hill estava sendo tão enigmático quando escreveu a abertura de "O final do arco-íris".

O Capítulo 3, "Um inventário pessoal", foi reproduzido da edição de dezembro de 1919 da *Hill's Golden Rule*.

Mais adiante neste livro, no texto intitulado "Uma sugestão para a sua lista de Natal", você verá uma palavra familiar escrita de forma desconhecida: *kultur*. Na época em que Hill escreveu esse texto, havia passado apenas um ano desde o fim da Primeira Guerra Mundial, e *kultur* era um termo que aparecia com frequência nos artigos dos jornais durante a guerra com a Alemanha. Para a elite alemã, *kultur* significava seu senso de orgulho nacional e crença na superioridade natural da Alemanha sobre outras pessoas e nações, bem como uma crença na subordinação do indivíduo ao bem do Estado.

Nesse mesmo texto há outra referência que pode confundir alguns leitores. Hill refere-se a estar ao lado do túmulo de John Barleycorn. John Barleycorn era um termo comum para uísque e outras bebidas alcoólicas, e por "deixá-lo de lado" Hill está se referindo à ratificação, no início daquele ano, da 18ª Emenda e da Lei Volstead (Lei Seca), que estabeleceria a proibição nos Estados Unidos de qualquer bebida com mais de 0,5% de teor alcoólico, a partir do mês seguinte, em 16 de janeiro de 1920.

No Capítulo 4, "Quando um homem ama o seu trabalho", reproduzido da edição de outubro de 1921 da *Napoleon Hill's Magazine*, Hill menciona Samuel Gompers, que, como presidente da Federação Americana do Trabalho, estava com frequência nos noticiários.

No mesmo texto, Hill prevê que o presidente Harding enviará tropas dos EUA para resolver as guerras das minas de carvão da Virgínia Ocidental. A previsão de Hill estava certa. Harding enviou tropas do

Exército, incluindo um esquadrão aéreo liderado pelo herói de guerra Billy Mitchell. Esse confronto foi o ápice de um conflito que vinha ocorrendo desde a virada do século entre os organizadores dos sindicatos e os donos das minas de carvão que se recusavam a permitir que suas minas fossem sindicalizadas. O conflito que se seguiu, conhecido como Batalha de Blair Mountain, durou cerca de cinco dias, e, no final, os grevistas que se renderam foram mandados para casa, enquanto vários dos líderes da greve foram julgados e presos.

Embora Blair Mountain não tenha acabado com os problemas trabalhistas que assolavam as áreas de grande concentração carbonífera da Virgínia Ocidental, as ações do presidente Harding trouxeram as coisas à tona e forçaram os proprietários e os mineiros a buscar maneiras menos explosivas de resolver suas diferenças.

No Capítulo 5, "Iniciativa", reproduzido da revista *Napoleon Hill's Magazine* de agosto de 1921, Hill faz referência a ter se interessado pelas perguntas do teste de Thomas Edison. Ele se refere a um questionário criado por Thomas Edison como uma prova para quem desejasse se candidatar a um cargo de administrador em sua empresa.

Quando o *New York Times* publicou um artigo sobre o teste, tornou-se o assunto da cidade, e todos, incluindo Napoleon Hill, estavam tentando ver como os candidatos se sairiam. Eram 150 perguntas cobrindo tudo, desde matemática e ciências até eventos do momento e hábitos pessoais. Os candidatos tinham duas horas para responder às perguntas, e a maioria foi reprovada, incluindo o filho de Edison, Theodore, que se formou em física pelo MIT.

No Capítulo 6, "Sucesso permanente", reproduzido da *Napoleon Hill's Magazine* de abril de 1921, Hill escreve sobre a origem humilde de Abraham Lincoln e as dificuldades que ele enfrentou enquanto crescia. Em seus comentários, Hill menciona o nome Nancy Hanks sem explicação, sabendo que os seus leitores saberiam imediatamente quem ela era.

Mas os tempos mudaram, e o que as pessoas aprendem na escola hoje em dia mudou ainda mais, então, pode ser que o leitor moderno não seja tão versado na história americana como era comum na época de Hill. Se for assim, saiba que Nancy Hanks era a mãe de Abraham Lincoln. Ela morreu em 5 de outubro de 1818, quando Abe tinha nove anos de idade. Seu pai se casou novamente um ano depois com Sarah Bush Johnson Lincoln.

Mais adiante no artigo, Napoleon Hill comenta sobre um jovem nascido com riqueza e privilégio que é "uma vítima de D.T.". Mais uma vez, esse pode ser um termo coloquial que foi substituído por uma linguagem mais contemporânea. Portanto, permita-nos apresentá-lo ao antiquado *delirium tremens*, comumente conhecido como D.T., tremores ou "loucura trêmula", que são alucinações acompanhadas de tremores corporais ocorridos durante a abstinência no alcoolismo crônico.

A única outra referência que pode precisar de comentário ocorre no Capítulo 8, "O poder do esforço organizado", quando Napoleon Hill faz alusão a políticos que começaram pobres, mas acabaram em Washington com muito dinheiro. Ele descreve essa pessoa como alguém que "de repente floresceu como um *ala-Packard* com uma superabundância de luxos da vida". O termo de Hill, "ala-Packard", implica que o homem agora pode se dar ao luxo de dirigir um Packard, que, para a edificação dos leitores mais jovens, era o mais sofisticado dos automóveis americanos em 1921.

As histórias e artigos da revista que compõem este livro foram extraídos de edições da *Hill's Golden Rule* publicadas entre fevereiro de 1919 e agosto de 1920, e edições da *Napoleon Hill's Magazine* publicadas entre abril de 1921 e setembro de 1923.

Como você terá descoberto quando chegar ao segundo artigo, esses textos não seguem uma ordem cronológica, mas foram organizados por assunto, para proporcionar uma visão abrangente da filosofia de Napoleon Hill.

Quanto ao estilo literário e ao conteúdo, a intenção deste livro é dar a você a chance de ver como era Napoleon Hill quando estava dando o primeiro passo, então não fizemos nenhuma tentativa de atualizar ou modernizar as histórias e os artigos de qualquer maneira. Especificamente, mantivemos coisas como o uso que Hill fazia dos pronomes pessoais como termos genéricos, exatamente como ele os escreveu. Da mesma forma, não alteramos seu uso de *homem* ou *humanidade* ao se referir aos humanos em geral. E não convertemos as referências de Hill para valores monetários atuais.

Encerramos este capítulo introdutório com um texto extraído e adaptado do *best-seller Atitude mental positiva*, que foi escrito em coautoria por Napoleon Hill e seu amigo e parceiro W. Clement Stone quase quarenta anos depois que as revistas de Hill fecharam as portas. Chama-se "Como aproveitar ao máximo a leitura deste livro", e algumas versões dele aparecem na maioria das publicações da Fundação Napoleon Hill.

COMO APROVEITAR AO MÁXIMO A LEITURA DESTE LIVRO

Ao ler, *concentre-se*. Leia como se o autor fosse um amigo íntimo e estivesse escrevendo para você – e somente para você.

Passe alguns minutos por dia estudando os princípios e os conceitos contidos em cada artigo, nas palavras do próprio Napoleon Hill.

Reserve um tempo específico todos os dias, pelo menos quinze minutos, para ler e refletir sobre como as coisas que você aprendeu ou as ideias que recebeu podem ser aplicadas em sua própria vida. Escolha um momento em que esteja relaxado e com a mente receptiva – e faça isso todos os dias, nunca se permitindo pular dias, se possível.

Use um lápis para sublinhar no livro e também anote em um papel qualquer lampejo de inspiração, ideias, técnicas ou respostas para problemas que você descobrir durante a leitura.

A FÓRMULA R2/A2

Saiba o que você está procurando. Comprometa-se a ***r***econhecer, ***r***elacionar, ***a***ssimilar e ***a***plicar os princípios, técnicas e ideias que este livro lhe fornecerá.

A sua capacidade de usar essa fórmula lhe dará a chave para abrir qualquer porta, enfrentar qualquer desafio, superar qualquer obstáculo e alcançar prosperidade, felicidade e as verdadeiras riquezas da vida.

Reconhecer: identifique o princípio, ideia ou técnica que está sendo usada. "Isso ajudou outra pessoa, eu posso ver os resultados e funcionará para mim se eu usar isso."

Relacionar: é muito importante que você relacione cada conceito consigo mesmo e com suas próprias ações e pensamentos. Pergunte a si mesmo: "O que o princípio, ideia ou técnica de sucesso fará por mim?".

Assimilar: pergunte a si mesmo: "Como posso usar esse princípio, ideia ou técnica para atingir meus objetivos ou resolver meus problemas?".

Aplicar: "Que atitude vou tomar? Quando vou começar?" Então prossiga com a ação!

Cada ingrediente nessa fórmula é importante. Cada um tem um significado especial e, quando combinados, vão levar você ao sucesso. Ao usar essa fórmula, você será capaz de focar o seu pensamento para direcioná-lo e guiá-lo para alcançar os seus objetivos e as suas principais metas definidas na vida.

EXERCÍCIOS MENTAIS QUE VALEM A PENA

Depois de ler cada artigo, pergunte-se quais ideias, princípios, técnicas ou fórmulas você descobriu a partir dele. Como você pode usar cada um para ajustar o seu comportamento de modo que se torne parte de você e o ajude a alcançar os seus objetivos pessoais?

Que atitude você vai tomar e quando vai começar?

– da

surpreen

imaginação" antes

ponto do curso A Lei do

úteis

que não precisam

Você pode n

dade.

Existem duas maneiras pelas qu

pelo que você está fazendo, usand

SEPTEMBER, 1921

Napoleon Hill's Magazine

Edited by Napoleon Hill
Founder of

HILL'S GOLDEN RULE

A national magazine of "Peptomism" whose editor is earnestly striving to plant constructive thoughts where destructive ones grew before.

Be sure to read "The End of the Rainbow," in this issue. It will carry you back over a pathway that was laden with thorns and watered with tears. It covers the seven important turning-points of a career that has led from a lowly beginning to a high station in life. It will take you back into your yesterdays and help you interpret your failures and disappointments in a new and helpful light.

The little silver quarter you pay for this copy may mark the most important turning point in your life!

100,000 CIRCULATION
BY DECEMBER THIRTY FIRST 1921

TWENTY-FIVE CENTS A COPY.

Capítulo II

O FINAL DO ARCO-ÍRIS

"O final do arco-íris" é uma narrativa da minha experiência cobrindo um período de mais de vinte anos. Mostra como é necessário levar em consideração acontecimentos que abrangem um longo período de tempo para chegar às verdades principais da vida e interpretar a ação silenciosa da mão invisível que dirige o destino dos homens. Em toda a ficção nunca se registrou uma cena mais dramática do que a que vivi há mais de doze anos, cujo capítulo final terminou há apenas um ano. Por uma questão de conveniência comercial, os meus amigos e sócios me convenceram a omitir esta parte da narrativa, embora eu ainda possa publicá-la em uma edição posterior desta revista. O significado de "O final do arco-íris" não reside em nenhum evento isolado, mas na interpretação de todos os eventos e na relação entre eles.

PRELÚDIO

Existe uma lenda, tão antiga quanto a raça humana, que diz que um pote de ouro pode ser encontrado no final de um arco-íris.

Esse conto de fadas, que prende a imaginação, pode ter algo a ver com a tendência atual da raça de adorar no santuário de Mamon[1].

Por quase quinze anos, busquei o final do meu arco-íris para reivindicar o pote de ouro. Minha luta em busca do final do evasivo arco-íris foi incessante. Ela me carregou pelas encostas das montanhas do fracasso e desceu pelas encostas do desespero, atraindo-me continuamente em busca do pote de ouro fantasma.

Deixe de lado suas preocupações e venha comigo enquanto eu pinto um quadro do caminho sinuoso ao longo do qual minha busca pelo final do arco-íris me levou. Nesse quadro, mostrarei a você os sete momentos decisivos, os pontos de virada da minha vida. Talvez eu possa ajudá-lo a encurtar a distância até o final do seu arco-íris.

Lamento profundamente que o conselho de meus sócios me leve a omitir a parte mais interessante de minha experiência na busca pelo final do meu arco-íris. Talvez eu consiga convencer os meus associados sobre o meu modo de pensar e tenha o privilégio de incluir, em uma edição posterior, o que aqui estou omitindo.

Por enquanto, limitarei a minha narrativa aos detalhes simples do que experimentei em minha busca pelo final do arco-íris, pois eles me levaram, repetidas vezes, quase ao alcance do objetivo cobiçado, e depois o tomaram de mim.

---

1. Mamon é um termo derivado da Bíblia, usado para descrever riqueza material ou cobiça; na maioria das vezes, mas nem sempre, personificado como uma divindade. A própria palavra é uma transliteração da palavra hebraica *mamom* (מָמוֹן), que significa "dinheiro". (N. da T.)

Ao refazer comigo os passos do meu caminho em busca do final do arco-íris, você verá sulcos de experiência que foram arados com espinhos e regados com lágrimas; caminhará comigo pelo "Vale da Sombra"; escalará os cumes das montanhas da expectativa e se verá repentinamente caindo nos poços sem fundo do desânimo e do fracasso; você caminhará por campos verdes e rastejará por desertos arenosos.

Finalmente, nós chegaremos ao final do arco-íris!

Esteja preparado para um choque, porque você não apenas verá o pote de ouro que as lendas do passado predisseram, mas também encontrará algo a ser cobiçado mais do que todo o ouro da Terra. Descobrir o que é esse "algo" será a sua recompensa por me seguir nesta descrição vívida.

Certa madrugada, fui acordado abruptamente, como se alguém tivesse me sacudido. Olhei em volta e não encontrei ninguém no quarto. Eram três horas da manhã. Em uma fração de minuto, vi uma imagem clara e concisa que sintetizou os sete momentos decisivos da minha vida, os pontos de virada, exatamente como serão descritos aqui. Senti um desejo impetuoso – era muito mais que um desejo; era uma ordem – de reproduzir a imagem em palavras e publicá-las.

Até este momento, eu havia fracassado por completo em interpretar corretamente muitas das experiências da minha vida, algumas das quais deixaram cicatrizes de decepção em meu coração e um toque de amargura que, de alguma forma, coloriu e modificou os meus esforços para ser um prestador de serviço útil às pessoas.

Perdoe-me se me abstive de expressar os meus verdadeiros sentimentos durante este momento em que o último toque persistente de intolerância foi apagado de meu coração e vi, pela primeira vez em minha vida, o real significado daquelas experiências difíceis, daquelas mágoas, essas decepções e essas dificuldades que atacam repentinamente todos nós em um momento ou outro. Peço que me perdoe por omitir a descrição de meus *reais* sentimentos nesta ocasião, não apenas pela sacralidade da experiência, mas também pela falta de palavras para interpretar corretamente esses sentimentos.

Com essa base, você pode vir comigo para o início do primeiro ponto de virada importante em minha vida, que aconteceu há mais de vinte anos, quando eu era um menino sem-teto, sem educação e sem objetivo na vida. Eu flutuava à deriva no mar da vida como uma folha seca flutuaria no âmago dos ventos. Pelo que me lembro, nenhuma ambição maior do que ser trabalhador nas minas de carvão jamais passou pela minha cabeça. A mão do destino parecia estar contra mim. Não acreditava em ninguém, exceto em Deus e em mim mesmo, e às vezes me perguntava se Deus não estava me traindo!

Eu era pessimista e cheio de ceticismo e dúvida. Não acreditava em nada que eu não pudesse entender. Dois e dois significavam quatro para mim apenas quando eu mesmo anotava os números e fazia as contas.

Tudo isso, admito francamente, é um começo prosaico e monótono para esta narrativa, um fato pelo qual não sou de forma alguma responsável, pois estou aqui relatando apenas o que aconteceu. E talvez não seja bom se eu aqui divagar apenas por um momento enquanto lembro a você que a maioria das experiências do início da vida são monótonas, áridas e prosaicas. Esse ponto parece tão vital que me sinto impelido a chamar a atenção para ele antes de prosseguir com a minha narrativa, para que possa se tornar um fato esclarecedor que o ajude a interpretar as experiências de sua própria vida à luz do significado real de cada evento, não importa o quão insignificante possa ter parecido na época.

Estou convencido de que muitas vezes esperamos que os eventos importantes da vida ocorram de maneira dramática e impressionante, quando na realidade eles vêm e vão despercebidos, exceto pela alegria e tristeza que trazem, e perdemos de vista as lições reais que eles ensinam enquanto fixamos a nossa atenção nessa alegria ou tristeza.

O evento sobre o qual escrevo agora aconteceu há apenas vinte anos.

PRIMEIRO PONTO DE VIRADA

Eu estava sentado diante da lareira uma noite, discutindo com pessoas mais velhas a questão da inquietação por parte dos trabalhadores. O movimento sindical tinha acabado de começar a se impor naquela parte do país onde eu vivia, e as táticas usadas pelos organizadores me impressionaram por serem revolucionárias e destrutivas demais para trazerem sucesso permanente ao povo trabalhador.

Eu me senti sem reservas sobre esse assunto e expressei os meus sentimentos de acordo, raciocinando ao longo da linha de que havia dois lados da questão e que tanto os empregadores quanto os empregados eram culpados, até certo ponto, por táticas que eram altamente destrutivas e não levavam à cooperação, mas a mal-entendidos e desacordos.

Um dos homens sentados comigo diante daquela lareira fez uma observação que provou ser a primeira virada importante em minha vida. Ele estendeu a mão e me segurou firmemente pelo ombro, olhou-me diretamente nos olhos e disse:

– Ora, você é um menino brilhante, e se desse a si mesmo uma educação formal, se você estudasse, deixaria a sua marca no mundo!

O primeiro resultado concreto dessa observação fez com que eu me matriculasse em um curso numa faculdade de administração, um passo que, devo admitir, provou ser um dos mais úteis que já dei, porque tive o meu primeiro vislumbre fugaz, em meus estudos na faculdade de administração, do que se pode chamar de um bom senso de proporções. Lá eu aprendi o espírito simples da democracia e, o mais importante de tudo, tive a ideia de que prestaria um serviço melhor do que aquele para o qual realmente eu seria pago para prestar. Essa ideia se tornou um princípio fixo para mim e agora modifica todas as minhas ações quando eu presto serviço.

Na faculdade de administração, convivi com rapazes e moças que, como eu, estavam ali com um único propósito: aprender a prestar serviços eficientes e ganhar a vida. Conheci judeus, católicos e protestantes, todos exatamente nos mesmos termos, e aprendi, pela primeira vez, que todos eram humanos e todos respondiam ao espírito simples da democracia que prevalecia no ambiente da faculdade.

Depois de terminar os meus estudos, consegui um cargo como estenógrafo e contador, e trabalhei nessa função pelos cinco anos seguintes. Com a ideia de prestar um serviço melhor do que eu estava sendo pago para prestar – que aprendi na faculdade de administração –, progredi rapidamente e sempre consegui ocupar cargos de responsabilidade, mesmo sendo muito novo, antes da minha idade ideal, com salário proporcional.

Economizei dinheiro e logo obtive uma conta bancária com vários milhares de dólares. Estava avançando rapidamente em direção ao final do meu arco-íris. Eu pretendia ter sucesso, e minha ideia de sucesso era a mesma que domina a mente do jovem comum hoje, ou seja, dinheiro! Vi a minha conta bancária crescer cada vez mais. Eu me vi avançando de posição e com um salário cada vez mais lucrativo. O meu método de prestar um serviço melhor em qualidade e amplitude do que eu estava sendo pago para prestar era tão incomum que chamava a atenção, e o contraste com aqueles que não aprenderam esse segredo me beneficiava.

A minha reputação se espalhou rapidamente, e encontrei ofertas e proponentes competitivos para os meus serviços. Eu era procurado não pelo que eu sabia, que era pouco, mas pela minha vontade de fazer o melhor uso do pouco que eu sabia. Esse espírito de boa vontade provou ser o princípio mais poderoso e estratégico que já aprendi.

SEGUNDO PONTO DE VIRADA

As marés do destino me levaram para o sul, e me tornei gerente de vendas de uma grande indústria madeireira. Eu não sabia nada sobre madeira e não sabia nada sobre gerenciamento de vendas, mas aprendi que vale a pena prestar um serviço melhor e mais amplo do que eu estava sendo pago para prestar, e com esse princípio como espírito dominante, assumi o meu novo emprego com a determinação de descobrir tudo o que pudesse sobre a venda de madeira.

Tive um bom desempenho, que ultrapassou os anteriores. O meu salário duplicou durante o ano, e minha conta bancária continuou crescendo cada vez mais. Eu me saí tão bem administrando as vendas de madeira que meu patrão abriu uma nova empresa madeireira e me tornou seu sócio, dono da metade do negócio.

O negócio de madeira era bom, e nós prosperamos.

Eu podia me ver chegando cada vez mais perto do final do arco-íris. Dinheiro e sucesso jorravam sobre mim de todas as direções, e tudo isso fixava minha atenção firmemente no pote de ouro que eu podia ver claramente à minha frente. Até então, nunca havia me ocorrido que o sucesso pudesse consistir em qualquer coisa exceto ouro! O dinheiro no banco representava a última palavra em realização. Sendo aquele tipo alegre e bom companheiro, fiz amigos rapidamente nos círculos madeireiros e logo me tornei um homem de primeira linha nas convenções e reuniões de madeireiros.

Eu estava obtendo sucesso rapidamente e sabia disso!

Acima de tudo, eu sabia que estava envolvido exatamente no negócio para o qual eu era mais adequado. Nada poderia ter me induzido a mudar o meu negócio. Nada, exceto o que aconteceu.

A mão invisível permitiu que eu andasse sob a influência de minha vaidade até que eu começasse a sentir a minha importância. À luz de anos mais sóbrios e interpretações mais precisas dos eventos humanos, agora eu me pergunto se a mão invisível não permite propositalmente que nós, seres humanos tolos, desfilemos diante de nosso próprio espelho de vaidade até que vejamos o quão vulgares estamos sendo e paremos com isso. De qualquer forma, eu parecia ter um caminho claro à frente. Havia carvão no *bunker* e água no tanque. Minha mão estava no acelerador, e eu o acionei firmemente.

O destino estava me esperando logo depois da curva com um golpe duro, e sem amortecimento, mas é claro que não vi o estrondo iminente até que ele veio. A minha história foi triste, mas não muito diferente do que muitos outros poderiam contar se fossem francos consigo mesmos.

Como um raio em um céu claro, o Pânico de 1907[2] se abateu sobre mim. Da noite para o dia, ele varreu cada dólar que eu tinha. O homem com quem eu tinha negócios se retirou, apavorado, mas sem perdas, e me deixou apenas com a casca vazia de uma empresa que não possuía nada além de uma boa reputação. Eu poderia ter comprado cem mil dólares em madeira com essa reputação. Um advogado desonesto (que depois cumpriu pena na penitenciária por algum outro crime, cujos detalhes são numerosos demais para serem relatados) viu uma chance de converter em dinheiro a reputação e o que restava da madeireira

2. O Pânico de 1907 foi uma crise financeira que ocorreu nos Estados Unidos quando a Bolsa de Valores de Nova York caiu quase 50% em relação ao seu pico no ano anterior. (N. da T.)

que havia sido deixada em minhas mãos. Ele e um grupo de outros homens compraram a empresa e continuaram a operá-la.

Eu fiquei sabendo, um ano depois, que eles compravam cada dólar em madeira que conseguiam, revendiam e embolsavam o dinheiro sem pagar por isso; assim, fui o meio inocente de ajudá-los a fraudar os seus credores, que souberam tarde demais que eu não tinha nenhuma ligação com a empresa.

Esse fracasso, ao mesmo tempo que prejudicou aqueles que sofreram prejuízos pelo uso indevido de minha reputação, foi a segunda virada importante em minha vida, pois me obrigou a sair de um negócio que não oferecia nenhuma possibilidade de remuneração, exceto dinheiro, e nenhuma oportunidade de crescimento pessoal "interior".

Lutei com todas as forças para salvar a minha empresa durante o pânico financeiro de 1907, mas estava tão indefeso quanto um bebê, e o redemoinho me tirou do ramo madeireiro e me levou para uma faculdade de direito, onde consegui pulverizar um pouco mais de minha ignorância, vaidade e falta de instrução, um trio contra o qual nenhum homem pode competir com sucesso.

TERCEIRO PONTO DE VIRADA

O Pânico de 1907, e o fracasso que ele me trouxe, me forçou a desviar e redirecionar os meus esforços no negócio madeireiro para o estudo do direito. Nada no mundo, exceto o fracasso – ou o que eu então chamei de fracasso –, poderia ter causado esse resultado. Assim, o segundo ponto decisivo importante da minha vida foi introduzido solenemente nas asas do fracasso, o que me lembra de mencionar que há uma grande lição em cada fracasso, quer aprendamos qual é ou não.

Quando entrei na faculdade de direito, eu tinha a firme convicção de que sairia duplamente preparado para alcançar o final do arco-íris e reivindicar o meu pote de ouro. Eu ainda não tinha nenhuma aspiração maior do que acumular dinheiro, mas exatamente o que eu mais adorava parecia ser a coisa mais evasiva do mundo, pois estava sempre me fugindo – sempre à vista, mas sempre fora de alcance.

Eu frequentava a faculdade de direito à noite e trabalhava como vendedor de automóveis durante o dia. Minha experiência em vendas no ramo madeireiro foi proveitosa e vantajosa. Prosperei rapidamente, indo tão bem (ainda tendo o hábito de prestar um serviço melhor do que eu estava sendo pago para prestar) que surgiu a oportunidade de entrar no ramo de fabricação de automóveis. Vi a demanda de mecânicos de automóveis, por isso abri uma escola e comecei a treinar mecânicos comuns em trabalhos de montagem e reparo de automóveis. Essa escola prosperou e chegou a me render mais de mil dólares por mês em lucros líquidos.

Mais uma vez, avistei o final do meu arco-íris. Mais uma vez, sabia que havia finalmente encontrado o meu nicho no mercado de trabalho. Novamente eu sabia que nada poderia me desviar do meu curso ou fazer com que eu desviasse minha atenção do negócio automobilístico. O dono do banco me viu prosperando. Ele me deu crédito para a expansão. Ele me encorajou a investir em linhas de negócios externas. Meu banqueiro era um dos melhores homens do mundo, então ele apareceu para mim. Ele me emprestou milhares de dólares com minha própria assinatura, sem endosso.

Mas, infelizmente, isso sempre foi assim – o doce geralmente precede o amargo. O meu banqueiro me emprestou dinheiro até que eu estivesse irremediavelmente endividado com ele, então ele assumiu o meu negócio. Tudo aconteceu tão de repente que me deixou atordoado. Eu não pensei que tal coisa fosse possível. Veja bem, eu ainda tinha que aprender muito sobre os tipos de homens e seus costumes, especialmente o tipo que, infelizmente, meu banqueiro acabou sendo – um tipo que, em justiça ao negócio bancário, devo dizer que raramente é encontrado nesse ramo.

De homem de negócios com renda líquida de mais de mil dólares por mês, dono de meia dúzia de automóveis e muitas outras porcarias das quais eu não precisava, mas não sabia, de repente fui reduzido à pobreza.

O final do arco-íris desapareceu, e muitos anos depois aprendi que esse fracasso foi provavelmente a maior bênção já derramada sobre mim, porque me obrigou a sair de um negócio que em nada me ajudou a desenvolver o lado humano, e desviou os meus esforços para uma direção que me trouxe a rica experiência de que eu tanto precisava.

Acredito ser digno de nota aqui declarar que voltei a Washington, D.C., alguns anos após esse evento e, por curiosidade, visitei o antigo banco onde já tive uma linha de crédito generosa – esperando, é claro, encontrar uma instituição financeira próspera ainda em operação.

Para minha grande consternação, descobri que o banco havia falido, o imóvel da agência estava sendo usado como refeitório para os trabalhadores e meu antigo amigo banqueiro estava reduzido à penúria e à miséria. Eu o encontrei na rua, praticamente sem dinheiro. Com os olhos vermelhos e inchados, ele despertou em mim uma atitude questionadora, e me perguntei, pela primeira vez na vida, se alguém poderia encontrar alguma outra coisa de valor que não fosse dinheiro no final do arco-íris.

Veja bem, esse questionamento temporário não foi uma rebelião aberta, nem me aprofundei o suficiente para obter a resposta. Isso apenas veio como um pensamento fugaz e saiu da minha mente. Se eu soubesse interpretar os eventos humanos tanto quanto sei agora, teria reconhecido essa circunstância como uma cutucada que a mão invisível estava me dando. Se eu soubesse alguma coisa sobre a lei da compensação, não teria ficado surpreso ao encontrar o meu banqueiro reduzido à pobreza, sabendo, como soube depois, que já era tarde demais, que minha experiência foi apenas uma das centenas semelhantes que marcaram a sua conduta ética nos negócios.

Eu nunca travei uma batalha mais forte em minha vida do que tentando permanecer no ramo automobilístico. Peguei emprestados US$ 4 mil de minha esposa e gastei em um esforço vão para permanecer no que eu acreditava ser o negócio para o qual estava mais preparado. Mas forças sobre as quais eu não tinha controle, e que não entendia na época, não cederiam a nenhum dos meus esforços para permanecer no ramo automobilístico. Foi com muito orgulho que finalmente me submeti e, por falta de saber o que fazer, passei a usar o conhecimento de direito que havia adquirido.

QUARTO PONTO DE VIRADA

Como a família da minha esposa tinha influência, consegui ser nomeado como assistente do conselheiro-chefe de uma das maiores corporações no mundo. O meu salário era muito desproporcional ao que a empresa geralmente pagava aos iniciantes, e ainda mais desproporcional ao que eu valia, mas influência era influência, e eu estava lá porque estava lá. Acontece que o que me faltava em capacidade legal eu supria por meio daquele princípio fundamental e sólido aprendido na faculdade de administração: prestar um serviço melhor e mais amplo do que eu estava sendo pago para prestar, sempre que possível.

Eu estava mantendo a minha posição sem dificuldade. Praticamente tinha uma vaga para o resto da vida se quisesse mantê-la. Um dia, fiz o que meus parentes e amigos próximos disseram ter sido uma coisa muito tola. Deixei o emprego abruptamente. Quando pressionado por um motivo, falei o que me parecia ser muito coerente, mas tive dificuldade em convencer o círculo familiar de que havia agido com sabedoria, e dificuldade ainda maior em convencer alguns de meus amigos de que eu era perfeitamente racional.

Deixei o cargo porque achava o trabalho muito fácil e o fazia com muito pouco esforço. Vi a mim mesmo caindo no hábito da inércia. Eu me senti adorando levar as coisas com tranquilidade e sabia que o passo seguinte seria o retrocesso. Não havia nenhum impulso especial que me obrigasse ou me induzisse a continuar em movimento. Eu estava entre amigos e parentes. Tinha um emprego que podia manter pelo tempo que quisesse, com um salário que me dava uma casa, um bom carro e combustível suficiente para fazê-lo funcionar.

O que mais eu precisava? Essa foi a atitude para a qual eu me senti deslizando. Foi uma atitude que me assustou. Por mais ignorante que eu fosse em outros assuntos naquela época, sempre me senti grato por ter tido bom senso para perceber que a força e o crescimento vêm apenas da luta; esse desuso traz atrofia e decadência.

Essa mudança provou ser a virada seguinte mais importante em minha vida, embora tenha sido sucedida por dez anos de esforço que trouxeram quase todas as dores que o coração humano pode experimentar. Larguei o emprego na área jurídica, onde me dava bem, vivendo entre amigos e parentes, com o que eles acreditavam ser um futuro brilhante e inusitadamente promissor pela frente. Sou franco em admitir que sempre foi uma fonte de admiração, para mim, saber por que e como reuni coragem para fazer o movimento que fiz. Tanto quanto sou capaz de interpretar corretamente, cheguei à minha decisão mais na forma de um "palpite", ou como um impulso que pouco entendi, do que por dedução lógica.

Escolhi Chicago como novo local, porque acreditava ser a região mais competitiva do mundo, sentindo, como senti, que, se pudesse vir para Chicago e obter reconhecimento em qualquer negócio legítimo, provaria a mim mesmo que tinha algo em mim que algum dia poderia se transformar em habilidade real. Esse foi um estranho processo de raciocínio; pelo menos era um processo incomum para mim naquela época, o que me leva a admitir que nós, seres humanos, muitas vezes nos damos crédito por uma inteligência à qual não temos direito. Temo que muitas vezes assumamos o crédito pela sabedoria e pelos resultados que advêm de causas sobre as quais não temos absolutamente nenhum controle e pelas quais não somos, de forma alguma, responsáveis.

Esse é um pensamento que, tenho o dever de declarar, corre como uma ciência primitiva ao longo de minha análise dos sete pontos decisivos mais importantes da minha vida. Embora eu não pretenda transmitir a impressão de que todos os nossos atos são governados por causas que não controlamos, insisto fortemente que você estude e interprete corretamente as causas que marcam os pontos de virada cruciais na nossa vida – os pontos em que os nossos esforços são desviados de uma direção para outra, apesar de tudo que possamos fazer. Não lhe ofereço nenhuma teoria ou hipótese para justificar essa estranha anomalia, acreditando que você encontrará a sua resposta por meio do poder interpretativo da sua religião, seja ela qual for.

Vim para Chicago sem ter sequer uma carta de apresentação. Meu objetivo era me apresentar por mérito, ou, pelo menos, pelo que eu suspeitava ser mérito. Consegui um cargo de gerente de publicidade. Não sabia quase nada sobre publicidade, mas a minha experiência anterior como vendedor veio em meu socorro, e meu velho amigo – o hábito de prestar um serviço melhor e mais amplo do que eu estava sendo pago para prestar – me deu um saldo justo no lado do crédito do livro contábil.

No primeiro ano, ganhei US$ 5.200!

Eu estava "voltando", aos trancos e barrancos. Gradualmente, o arco-íris começou a circular sobre mim e vi, mais uma vez, o pote de ouro brilhante quase ao meu alcance. Acredito ser de grande importância ter em mente que o meu padrão de sucesso sempre foi medido em termos de dólares, e o final do meu arco-íris não prometia nada além de um pote de ouro. Até esse ponto, se já havia passado pela minha mente que qualquer coisa além de um pote de ouro poderia ser encontrada no final do arco-íris, esse pensamento foi momentâneo e deixou apenas uma leve impressão.

Ao longo dos tempos, a história está cheia de evidências de que uma comemoração geralmente precede uma queda. Eu estava tendo meu banquete, a minha comemoração, mas não esperava que uma queda se seguisse a isso. Suspeito que ninguém jamais preveja a queda até que ela venha, mas ela virá, a menos que os princípios orientadores fundamentais da pessoa sejam sólidos.

QUINTO PONTO DE VIRADA

Construí um bom histórico como gerente de publicidade. O presidente da empresa foi atraído pelo meu trabalho, e mais tarde ajudei a organizar a Betsy Ross Candy Company. Tornei-me seu presidente, iniciando assim o próximo ponto de virada importante da minha vida.

O negócio foi se expandindo até termos uma rede de lojas em dezoito cidades diferentes. Mais uma vez, vi o final do meu arco-íris quase ao meu alcance. Eu sabia que finalmente havia encontrado o negócio no qual queria permanecer por toda a vida, mas, quando admito francamente que nossa política corporativa e nosso negócio foram modelados de acordo com os de outra empresa de doces – cujo gerente era meu amigo pessoal e ex-parceiro de negócios, e cujo sucesso esmagadoramente grande foi o principal fator que me levou a entrar no negócio de doces –, você pode antecipar o fim de nosso negócio antes de mencioná-lo.

Perdoe-me por divagar um momento enquanto filosofo sobre um ponto que trouxe derrota merecida a milhões de pessoas – a saber, a prática de se apropriar do plano de outra pessoa em vez de elaborar um plano de sua própria autoria.

O público nunca simpatiza com uma pessoa que obviamente está copiando o plano de outra pessoa, mesmo que tal prática não seja proibida legalmente.

E não é o ressentimento do público o fator mais prejudicial com o qual aquele que comete esse erro deve lidar; a prática parece tirar o entusiasmo que uma pessoa costuma colocar em um plano que é concebido em seu próprio coração e amadurecido em seu próprio cérebro.

Tudo correu bem por um tempo, até que meu sócio e um terceiro homem, que mais tarde trouxemos para o negócio, tiveram a ideia de obter o controle de minha participação sem pagar por isso – um erro que os homens parecem nunca entender que estão cometendo até ser tarde demais e eles pagarem o preço de seu desatino.

O plano deles funcionou, mas recusei com mais firmeza do que eles esperavam. Portanto, para gentilmente me incitar em direção à "grande saída", eles mandaram me prender sob uma acusação falsa e se ofereceram para fazer um acordo fora do tribunal se eu entregasse a minha participação na empresa. Recusei e insisti em ir a julgamento sob a acusação. Quando chegou a hora, ninguém estava presente para me processar. Nós insistimos na acusação e solicitamos ao tribunal que convocasse a testemunha reclamante e o fizesse levar a juízo, o que foi feito.

O juiz interrompeu o processo e retirou o caso do tribunal antes que ele fosse adiante, com a declaração de que "este é um dos casos mais flagrantes de tentativa de coação que já veio diante de mim".

Para defender o meu caráter, abri um processo pedindo US$ 50 mil de indenização. O caso foi julgado cinco anos depois e consegui um julgamento intenso no Tribunal Superior de Chicago. O processo, chamado de "ação de responsabilidade civil", reivindicava uma indenização por danos à reputação. Um julgamento garantido por uma ação de responsabilidade civil traz consigo o direito de prender aquele contra quem o julgamento é garantido até que a sentença seja liquidada.

Mas eu suspeito que outra lei muito mais rigorosa do que aquela sob a qual ações de responsabilidade civil podem ser instauradas estava em vigor durante esses cinco anos, porque uma das partes – aquela que tramou em seu cérebro o plano de mandar me prender como parte de sua artimanha para coagir o meu interesse em me afastar do negócio – estava cumprindo pena na penitenciária federal antes de minha ação contra ele ser julgada, e por um crime diferente daquele cometido contra mim. A outra parte havia caído de uma posição elevada na vida para a pobreza e a desonra.

O meu julgamento permanece nos registros do Tribunal Superior de Chicago como evidência silenciosa da defesa de meu caráter, bem como evidência de algo muito mais importante do que mera defesa de caráter – a saber, que a mão invisível que guia o destino de todos os que sinceramente buscam a verdade eliminou de minha natureza todo desejo pela "parte que me cabe". O meu julgamento contra os meus caluniadores não foi juntado e nunca será. Pelo menos nunca vou cobrar por isso, porque suspeito que foi pago, muitas vezes, com sangue, remorso, arrependimento e fracasso daqueles que tentaram destruir o meu caráter para ganho pessoal.

Essa foi uma das maiores bênçãos que já recebi, porque me ensinou a perdoar; ensinou-me, também, que a lei da compensação está sempre e em toda parte em operação, e que "tudo o que o homem semear, isso também ceifará". Isso apagou de minha natureza o último pensamento persistente de buscar vingança pessoal, a qualquer momento, sob quaisquer circunstâncias. Ensinou-me que o tempo é amigo de todos os que estão certos e inimigo mortal de todos os que são injustos e destrutivos em seus esforços. Isso me aproximou de um entendimento completo do Mestre, quando ele disse: "Perdoe-os, Pai, porque eles não sabem o que fazem".

Uma coisa estranha acabou de acontecer! Há pouco, peguei o meu relógio; ele escorregou de minhas mãos e se espatifou no chão. Peguei os "restos mortais" do que era um relógio esplêndido apenas alguns momentos atrás e, quando o virei e olhei para ele, lembrei-me de que nada "simplesmente acontece"; que meu relógio foi criado por um superior, para realizar um trabalho definido, de acordo com um plano definido. Quão mais certo é que nós, seres humanos, fomos criados por um ser superior, de acordo com um plano definido, para realizar um trabalho definido.

Que bênção é quando percebemos o fato de que provavelmente não fomos concebidos como fatores destrutivos, e que tudo o que acumulamos na forma de riqueza material finalmente se tornará tão inútil quanto o pó ao qual nossa carne e ossos retornarão.

Às vezes me pergunto se uma plena compreensão dessa verdade não vem mais facilmente para a pessoa que foi alvo de pecados, cuspida, caluniada e crucificada na cruz da ignorância. Às vezes me pergunto se não seria bom para todos nós passarmos por essas experiências que testam a nossa fé e esgotam a nossa paciência e nos fazem perder o controle de nós mesmos e contra-atacar, porque assim aprendemos a futilidade do ódio, da inveja e do egoísmo e a tendência de destruir ou minar a felicidade de um semelhante.

Nós podemos aguçar o nosso intelecto por meio das experiências de outras pessoas, mas nossas emoções são vitalizadas e desenvolvidas apenas por meio de nossas próprias experiências pessoais. Portanto, podemos lucrar com cada experiência que atua sobre nossas emoções, quer essa experiência traga alegria ou tristeza. Uma pesquisa minuciosa das biografias dos homens destinados à grandeza revela o fato de que quase todos eles foram duramente provados no moinho da experiência impiedosa antes de chegarem ao sucesso, o que me leva a pensar se a mão invisível não testa a resistência do homem de diversas maneiras antes de colocar sérias responsabilidades sobre os seus ombros.

Meu espaço é muito limitado para me permitir filosofar mais neste ponto, mas recomendo o pensamento que ele suscitou, para sua séria consideração, para que você possa resolvê-lo com suas próprias conclusões.

Antes de mencionar o próximo ponto de virada importante da minha vida, gostaria de chamar a sua atenção para dois fatos interessantes – a saber, que cada ponto de virada me levou cada vez mais perto do final do meu arco-íris, e cada um me trouxe algum conhecimento útil que mais tarde se tornou uma parte permanente da minha filosofia de vida. Além disso, aqueles que tentaram me destruir tiveram o mesmo destino que tentaram me dar.

SEXTO PONTO DE VIRADA

Chegamos agora ao ponto de virada que provavelmente me levou mais perto do final do arco-íris do que qualquer outro, porque me estabeleceu em uma posição em que achei necessário colocar em prática todo o conhecimento que havia adquirido até então sobre cada assunto com o qual eu estava familiarizado. Deu-me oportunidades de autoexpressão e de desenvolvimento pessoal que raramente acontecem a um homem no início da vida.

Esse ponto de virada ocorreu quando, depois de ter sido forçado a sair do negócio de doces, voltei esforços para o ensino de propaganda e da arte de vender.

Algum filósofo sábio disse que nunca aprendemos muito até começarmos a tentar ensinar aos outros. Minha experiência como professor provou que isso é verdade. Minha escola prosperou desde o início. Eu tinha uma escola que oferecia aulas presenciais e também um curso por correspondência pelo qual ensinava alunos em quase todos os países de língua inglesa.

Apesar da devastação da guerra, minha escola crescia aos trancos e barrancos, e eu via o final do meu arco-íris se aproximando cada vez mais. Estava tão perto dele que quase podia estender a mão e tocar o pote de ouro.

Como resultado da atuação melhor que as anteriores e do reconhecimento que eu estava ganhando, atraí a atenção do chefe de uma corporação que me contratou para trabalhar por três semanas a cada mês com um salário de US$ 105.200 por ano – consideravelmente mais do que recebia o presidente dos Estados Unidos.

Em menos de seis meses, em grande parte como resultado de uma série de golpes de sorte, construí uma das forças de trabalho mais eficientes da América e aumentei os ativos da empresa a um ponto em que foram oferecidos vinte milhões de dólares a mais por seus negócios do que valiam quando assumi o controle de seus interesses.

Sinceramente, se você estivesse em meu lugar, não se sentiria justificado em dizer que encontrou o final do seu arco-íris? Você não se sentiria justificado em dizer que alcançou o sucesso?

Pensei que já tinha sentido, mas um dos choques mais brutos de todos ainda me esperava, devido em parte à desonestidade do chefe da corporação para a qual eu trabalhava, mas mais diretamente, suspeito, a uma causa mais profunda e significativa em relação ao que o destino parecia ter decretado que eu deveria aprender.

Cem mil dólares do meu salário estavam condicionados à minha permanência como chefe de gabinete por um período de um ano. Mas em menos da metade desse tempo comecei a ver que estava acumulando poder e colocando-o nas mãos de um homem que estava ficando embriagado com ele. Comecei a ver que a ruína o esperava logo ali na esquina. Essa descoberta me trouxe muita dor. Moralmente, eu era responsável por vários milhões de dólares de capital que induzi o povo americano a investir nessa corporação, embora legalmente eu não fosse de forma alguma responsável.

Finalmente levei o assunto à tona, entregando um ultimato ao dono da corporação para salvaguardar os fundos da empresa sob um conselho de controle financeiro ou então aceitar a minha renúncia. Ele riu da sugestão, porque pensou que eu não quebraria o meu contrato, perdendo US$ 100 mil. Talvez não o tivesse feito não fosse a responsabilidade moral que me senti obrigado a assumir em nome de milhares de investidores. Pedi demissão, coloquei a empresa nas mãos do liquidante e, assim, a protegi contra a má administração de um jovem louco por dinheiro – uma pequena satisfação que me rendeu muito escárnio de meus amigos e me custou US$ 100 mil.

Na ocasião, o final do meu arco-íris pareceu vago e um tanto distante. Houve momentos em que me perguntei o que me levou a fazer papel de bobo e jogar fora uma fortuna apenas para proteger aqueles que nunca saberiam que eu havia feito um sacrifício por eles.

Foi durante um desses momentos em retrospectiva que senti um "sino" tocando na região do meu coração. Pelo menos o toque de um sino é o mais próximo que posso chegar de descrever a sensação que experimentei. Com o toque desse sino veio uma mensagem – uma mensagem clara, distinta e inconfundível. Obrigava-me a manter a minha decisão e ser grato por ter tido a coragem de interpretá-la como o fiz. Lembre-se do que estou dizendo sobre esse sino tocando, porque voltarei ao assunto novamente.

Depois daquele momento agitado, senti o toque do sino muitas outras vezes. Agora pude entender o que isso significa. Eu respondo a ele e a mensagem que segue me guia na direção certa. Talvez você não chamasse o toque do sino de mensagem, mas não conheço outros termos para descrevê-lo – é a mais estranha das experiências de minha vida.

A essa altura, comecei a sentir algo mais do que o toque de um sino. Comecei a me perguntar se o final do meu arco-íris não estava me evitando todos esses anos, levando-me a subir uma ladeira do fracasso e descer outra, porque eu estava procurando a recompensa errada! Veja bem, eu apenas me questionei sobre esse ponto – isso foi tudo.

Isso me leva ao sétimo e último ponto de virada importante em minha vida.

Antes de começar a descrever esse último ponto decisivo, sinto que é meu dever dizer que nada do que foi descrito até aqui tem, em si mesmo, qualquer significado prático. Os seis pontos de virada que eu descrevi, tomados isoladamente, não significaram absolutamente nada para mim e nada significarão para você se forem analisados separadamente. Mas tome esses eventos coletivamente e eles formam uma base para o próximo e último ponto de virada; eles constituem o melhor tipo de evidência de que nós, seres humanos, estamos constantemente passando por mudanças evolucionárias como resultado das diversas experiências com as quais nos deparamos, embora nenhuma experiência isolada pareça transmitir uma lição definitiva e aproveitável.

Sinto-me impelido a me alongar sobre o ponto que estou aqui tentando deixar claro, porque agora estou no ponto da carreira em que os homens ou caem em derrota ou atingem níveis de realização que surpreendem o mundo, de acordo com a maneira como eles interpretam eventos passados e constroem planos baseados em experiências passadas. Se minha história parasse onde estou nesse momento, poderia não significar nada para você, mas há outro capítulo mais significativo ainda a ser escrito, cobrindo o sétimo e último ponto de virada importante em minha vida.

Até agora não apresentei nada além de uma série de eventos mais ou menos desconexos que, em si, nada significam. Repito esse pensamento porque quero que você o entenda. E enquanto você está pensando sobre isso, quero lembrá-lo de que é necessário ter uma visão retrospectiva da vida de vez em quando, com o objetivo de reunir todos os eventos mais ou menos sem sentido e interpretá-los à luz da tentativa de descobrir o que foi aprendido com eles.

Essas experiências na vida – fracassos, desapontamentos, erros e reviravoltas – podem continuar sem benefício até que o ceifador chegue e reclame o seu tributo, a menos que despertemos para a percepção de que há lições a serem aprendidas com cada uma delas, e a menos que comecemos a tabular os resultados do que aprendemos com essas experiências, para que possamos fazer uso delas sem ter que repeti-las indefinidamente.

SÉTIMO PONTO DE VIRADA

Em meu apogeu, tabularei a soma total de tudo o que aprendi em cada um dos sete marcos importantes de minha vida, mas primeiro deixe-me descrever o sétimo e último desses pontos decisivos. Para isso, preciso voltar um ano até aquele dia marcante: 11 de novembro de 1918.

Aquele era o Dia do Armistício, como muitos sabem. Como a maioria das outras pessoas, fiquei tão embriagado de entusiasmo e alegria naquele dia quanto qualquer homem jamais ficou com vinho. Eu estava praticamente sem dinheiro, mas fiquei feliz em saber que a matança havia acabado e a razão estava prestes a abrir as suas asas benéficas sobre a Terra mais uma vez.

A guerra havia varrido a minha escola, com a qual minha renda teria chegado a mais de US$ 15 mil por ano se os nossos rapazes não tivessem sido convocados para a guerra. Fiquei tão longe do final do meu arco-íris quanto naquele dia agitado, mais de vinte anos antes, quando parei na boca de uma mina de carvão onde trabalhava como trabalhador braçal e pensei na declaração que um gentil cavalheiro havia feito para mim na noite anterior.

Agora eu percebia que havia um grande abismo entre mim e qualquer realização que não fosse a de um trabalhador braçal.

Mas eu estava feliz de novo! Então aquele pensamento vago entrou em minha consciência e novamente me levou a me perguntar se eu não estava procurando o tipo errado de recompensa no final do meu arco-íris.

Sentei-me à minha máquina de escrever sem nada em particular em mente. Para o meu espanto, minhas mãos começaram a tocar uma sinfonia harmônica nas teclas da máquina de escrever. Nunca havia escrito tão rapidamente ou tão facilmente antes. Não pensei no que estava escrevendo – apenas escrevi e escrevi e continuei escrevendo.

Quando terminei, eu tinha cinco páginas de um manuscrito, e, tanto quanto pude determinar, esse manuscrito foi redigido sem nenhum pensamento organizado de minha parte. Esse texto foi o editorial do qual nasceu a minha primeira revista, *Hill's Golden Rule* (A Regra de Ouro de Hill). Levei esse editorial a um homem rico e o li para ele. Antes que eu tivesse lido a última linha, ele havia se comprometido a financiar a minha revista.

Foi dessa maneira um tanto dramática que um desejo que estava adormecido em minha mente por quase vinte anos começou a se expressar na realidade. Era a mesma ideia que eu tinha em mente quando fiz a declaração que levou o velho cavalheiro a colocar a mão em meu ombro e fazer aquela feliz observação, vinte anos antes, que tinha como fundamento o pensamento de que a Regra de Ouro deveria ser o espírito orientador em todas as relações humanas.

Toda a minha vida eu quis me tornar editor de jornal. Há mais de trinta anos, quando era garoto, costumava "questionar" a imprensa para meu pai, que publicava um pequeno jornal, e aprendi a amar o cheiro da tinta da impressora.

Talvez esse desejo subconscientemente estivesse ganhando impulso até que finalmente explodiu em termos de ação. Ou talvez houvesse outro plano sobre o qual eu não tinha controle, e cuja construção não tinha nada a ver comigo, que me impulsionava sem parar, nunca me dando um momento de descanso em qualquer outra linha de trabalho até que comecei a minha primeira revista. O ponto pode ser ultrapassado por enquanto.

O fato importante para o qual gostaria de chamar a sua atenção é que encontrei o meu nicho adequado no mundo profissional e fiquei muito feliz com isso. Curiosamente, entrei nesse trabalho, que constituiu minha última volta na longa, longa trilha que percorri em busca do final do meu arco-íris, sem nunca pensar em encontrar um pote de ouro. Pela primeira vez na vida, sentia que havia algo mais a ser buscado que valia mais do que ouro. Portanto, iniciei o meu primeiro trabalho editorial com apenas um pensamento em mente – e faço uma pausa enquanto você pondera sobre esse pensamento –, e esse pensamento era prestar ao mundo o melhor serviço de que eu era capaz!

A revista prosperou desde o início. Em menos de seis meses, estava sendo lida em todos os países de língua inglesa do mundo. Isso me trouxe reconhecimento em todas as partes, o que resultou em uma turnê de palestras que fiz em 1920, abrangendo todas as grandes cidades dos Estados Unidos. Essa viagem foi um treinamento completo em si, porque me colocou em contato extremamente próximo com pessoas em todas as esferas da vida, em todas as partes do país, e me deu a oportunidade de estudar as suas necessidades, os seus desejos e as suas emoções.

Até o sexto ponto de virada importante em minha vida, inclusive, fiz tanto inimigos quanto amigos. Agora aconteceu uma coisa estranha. Iniciando com o meu primeiro trabalho editorial, comecei a fazer amigos aos milhares; hoje, mais de cem mil pessoas me apoiam diretamente porque acreditam em mim e em minha mensagem.

O que trouxe essa mudança? Se você entender a lei da atração, poderá responder a isso, porque sabe que os semelhantes se atraem e que um homem atrairá amigos ou inimigos de acordo com a natureza dos pensamentos que dominam a sua mente. Não se pode ter uma atitude beligerante em relação à vida e esperar que os outros correspondam com qualquer coisa exceto a mesma atitude.

Quando comecei a pregar a Regra de Ouro em minha primeira revista, comecei a vivenciá-la o máximo possível. Há uma grande diferença entre simplesmente acreditar na Regra de Ouro e realmente praticá-la em atos públicos, uma verdade que aprendi quando comecei a minha primeira revista. Essa percepção me trouxe repentinamente à compreensão de um princípio que agora permeia todo pensamento que encontra um lugar permanente em minha mente e domina toda ação que realizo, tanto quanto é humanamente possível, e esse pensamento não é outro senão aquele estabelecido pelo Mestre em seu Sermão da Montanha, quando Ele nos alertou a fazer aos outros o que gostaríamos que fizessem a nós.

Durante estes últimos três anos, desde que enviei vibrações de pensamento da Regra de Ouro para centenas de milhares de pessoas, essas ondas de pensamento se multiplicaram no rebote e trouxeram de volta para mim inundações de boa vontade daqueles a quem minha mensagem alcançou. "Tudo que o homem semear, isso também ceifará."

Tenho lançado as sementes da bondade; tenho plantado pensamentos construtivos onde antes existiam pensamentos destrutivos; tenho ajudado as pessoas a verem a loucura de lutar entre si e a virtude do esforço cooperativo, até que imbuí e vitalizei a minha própria alma com esses pensamentos dominantes, e eles, por sua vez, constituíram um ímã que atraiu de volta para mim a cooperação e a boa vontade, a benevolência de milhares que estavam em harmonia com esses pensamentos.

Eu estava me aproximando rapidamente do final do meu arco-íris pela sétima e última vez. Cada caminho de fracasso parecia fechado. Os meus inimigos foram lentamente transformados em amigos, e eu estava fazendo novos amigos aos milhares. Mas havia um teste final pelo qual eu tinha que passar.

A mão invisível não dissemina as suas preciosas joias de conhecimento sem um preço, nem eleva homens a posições de responsabilidade ou cria homens destinados à grandeza sem testar a sua resistência. Esse processo de teste geralmente ocorre quando os homens menos esperam, pegando-os desprevenidos e não lhes dando chance de mostrar nada além de suas verdadeiras personalidades.

Quando chegou a hora do meu teste, ele me pegou de forma inesperada e despreparada, devido, principalmente, suponho, ao fato de ter "protegido os meus flancos" com nada mais do que ferramentas feitas pelo homem. Eu havia confiado demais em mim mesmo e não o suficiente na mão invisível. Não consegui encontrar um meio-termo feliz em que mantive apenas o suficiente, mas não muita autoconfiança. Consequentemente, o meu último e mais difícil ponto de virada me trouxe muita dor, que eu poderia ter evitado se o meu conhecimento dos eventos humanos, e do poder que controla os eventos humanos, tivesse sido um pouco mais equilibrado.

Como já disse, eu estava chegando ao final do meu arco-íris com a firme convicção de que nada no mundo poderia me impedir de alcançá-lo e reivindicar o meu pote de ouro e tudo o mais que um buscador bem-sucedido dessa grande recompensa poderia esperar.

Como um relâmpago em um céu claro, recebi um choque, uma descarga elétrica!

O "impossível" havia acontecido. A minha primeira revista, *Hill's Golden Rule*, não só foi arrancada de minhas mãos da noite para o dia, como também a sua influência – construída por mim – foi temporariamente transformada em uma arma para me derrotar.

Mais uma vez o homem falhou comigo, e tive pensamentos cruéis sobre o homem. Foi um duro golpe para mim quando despertei para a percepção de que não havia verdade na Regra de Ouro – que não apenas eu pregava para milhares de pessoas pelas páginas de minha revista e pessoalmente para outras centenas de milhares, mas, também, estava fazendo o meu melhor para vivê-la.

Esse foi o momento supremo do teste! Teria a minha experiência provado que os meus princípios mais amados eram falsos, e nada mais do que uma armadilha para enganar os despreparados? Ou eu estava prestes a aprender uma grande lição que estabeleceria a verdade e a solidez desses princípios pelo restante de minha vida e, talvez, por toda a eternidade?

Essas foram as perguntas que passaram pela minha cabeça.

Eu não respondi a elas rapidamente. Não poderia fazer isso. Fiquei tão atordoado que simplesmente tive que parar e recuperar o fôlego. Estava pregando que ninguém poderia roubar a ideia de outro homem ou seus planos ou seus bens e mercadorias e ainda assim prosperar. A minha experiência parecia desmentir tudo o que eu já havia escrito ou falado nesse sentido, porque os homens que roubaram o filho do meu coração e da minha mente não apenas pareciam estar prosperando com isso, mas também, na verdade, o usaram como um meio de me impedir de realizar os meus planos de prestar um serviço ao mundo, um serviço amplo e de interesse para toda a raça humana.

Meses se passaram e eu não conseguia girar a roda.

Eu havia sido deposto, a minha revista havia sido tirada de mim e os meus amigos pareciam me considerar uma espécie de herói caído. Alguns disseram que eu voltaria mais forte e maior, pela experiência. Outros disseram que eu estava acabado. Assim, as observações iam e vinham, mas eu ficava olhando espantado, sentindo-me como uma pessoa que está passando por um pesadelo e sabe o que está acontecendo ao seu redor, mas é incapaz de acordar ou mover um dedo mínimo.

Literalmente, eu estava experimentando um pesadelo que parecia me manter firmemente em seu alcance. Minha coragem se foi. Minha fé na humanidade quase se foi. O meu amor pela humanidade estava enfraquecendo. Lenta, mas seguramente, eu estava invertendo a minha opinião sobre os ideais mais elevados e melhores que eu vinha construindo havia mais de vinte anos. As semanas que se passaram pareciam uma eternidade. Os dias pareciam uma vida inteira.

Um dia a situação, a atmosfera, começou a clarear.

E sou lembrado de divagar enquanto digo que tais situações geralmente desaparecem. O tempo é um maravilhoso curador de feridas. O tempo cura quase todos os doentes ou ignorantes, e, na maioria das vezes, nós somos ambos.

Durante o sétimo e último ponto de virada em minha vida, fui reduzido a uma pobreza maior do que qualquer outra que já havia conhecido. De uma casa bem mobiliada, fui reduzido, praticamente da noite para o dia, a um apartamento de um cômodo. Vindo, como esse golpe veio, quando eu estava prestes a segurar o pote de ouro no final do meu arco-íris, ele abriu uma ferida profunda e feia em meu coração. Durante esse breve período de teste, fui obrigado a me ajoelhar no próprio pó da pobreza e comer as crostas de todas as minhas loucuras passadas. Quando estava prestes a desistir, as nuvens escuras começaram a se dissipar tão rapidamente quanto me cobriram.

Fiquei cara a cara com um dos testes mais difíceis que já havia enfrentado. Talvez nenhum ser humano tenha sido mais severamente testado do que eu. Pelo menos era assim que eu me sentia na época.

O carteiro entregou a minha escassa correspondência. Ao abri-la, observei o pálido sol avermelhado que havia desaparecido no horizonte. Para mim, era um símbolo do que estava prestes a acontecer comigo, pois vi o meu sol de esperança também se pondo.

Abri o primeiro envelope e, ao fazê-lo, um certificado de depósito flutuou e caiu no chão com a face para cima. Era de US$ 25 mil. Fiquei um minuto inteiro com os olhos grudados naquele pedaço de papel, imaginando se não estaria sonhando. Aproximei-me dele, peguei-o e li a carta que o acompanhava.

Aquele dinheiro era todo meu! Eu poderia sacá-lo do banco à vontade. Apenas duas ressalvas delicadas estavam atadas a ele, mas essas ressalvas fariam com que eu me obrigasse, moralmente, a virar as costas para tudo o que eu pregava sobre colocar os interesses do povo acima dos de qualquer indivíduo.

O momento supremo do teste havia chegado.

Aceitaria aquele dinheiro, que era um grande capital para publicar a minha revista, ou o devolveria e aguentaria um pouco mais? Essas foram as primeiras perguntas que chamaram a minha atenção.

Então ouvi o toque do "sino" na região do meu coração. Dessa vez, seu som foi mais direto. Isso fez o sangue formigar pelo meu corpo. Com o toque do sino veio o comando mais direto que já se registrou em minha consciência, e esse comando foi acompanhado por uma mudança química em meu cérebro como eu nunca havia experimentado antes. Foi um comando positivo e surpreendente, e trouxe uma mensagem que eu não poderia interpretar mal.

Sem promessa de recompensa, ele me pediu para devolver os US$ 25 mil.

Hesitei. O sino continuou soando. Os meus pés pareciam colados ao lugar. Eu não conseguia caminhar. Então cheguei à minha decisão. Decidi atender àquela inspiração, que ninguém, a não ser um tolo, poderia ter confundido.

No instante em que cheguei a essa conclusão, olhei e, no crepúsculo que se aproximava, vi o final do arco-íris. Eu finalmente o alcancei. Não vi nenhum pote de ouro, exceto aquele que estava prestes a enviar de volta à fonte de onde veio, mas encontrei algo mais precioso do que todo o ouro do mundo quando ouvi uma voz que me alcançou não pelos meus ouvidos, mas pelo meu coração, e disse:

"Permanece Deus nas sombras de cada fracasso".

O final do meu arco-íris me trouxe o triunfo do princípio sobre o ouro. Isso me deu uma comunhão mais próxima com a grande força invisível deste Universo e uma nova determinação para plantar a semente da filosofia da Regra de Ouro nos corações de milhões de outros viajantes cansados que buscam o final de seu arco-íris.

Valeu a pena devolver aqueles US$ 25 mil? Bem, deixo isso para os meus leitores decidirem. Pessoalmente, estou muito satisfeito com a minha decisão, após a qual aconteceu uma coisa estranha e inesperada: todo o capital de que eu precisava veio não de uma única fonte, mas de muitas fontes. Ele veio em abundância, sem nenhuma corrente de ouro amarrada a ele ou quaisquer condições embaraçosas impostas que procurassem controlar a minha caneta.

Na edição de julho desta revista, a minha secretária relata um dos acontecimentos mais dramáticos que se seguiu à minha decisão de não aceitar ajuda financeira de fontes que, de alguma forma, controlariam a minha caneta. Esse incidente é apenas um, cada um constituindo evidência suficiente para convencer a todos, exceto os tolos, de que a Regra de Ouro realmente funciona, a lei da compensação ainda está em operação e "tudo o que o homem semear, isso também ceifará".

Não só consegui todo o capital necessário para manter esta revista durante o período inicial, no qual suas receitas eram insuficientes para publicá-la, mas também, o que é muito mais significativo, a revista está crescendo com uma rapidez até então desconhecida no campo de publicações periódicas similares. Os leitores e o público em geral captaram o espírito por trás do trabalho que estamos fazendo e colocaram o efeito de rede[3] em operação a nosso favor.

Tenho direito a algum crédito pelos eventos aqui mencionados, alguns dos quais parecem refletir crédito sobre mim? Tenho direito ao sucesso que agora coroa os esforços que faço por meio das páginas desta revista?

3. O efeito de rede está baseado na ideia de que um número maior de usuários de um bem ou serviço contribui para a sua valorização econômica. (N. da T.)

Francamente, sinto-me impelido a responder negativamente!

Não fui nada além de uma ferramenta nas mãos de um poder superior e desempenhei quase o mesmo papel que um violino desempenha nas mãos de um mestre. Se eu toquei um ritmo harmonioso na canção que tento executar nas páginas deste mensageiro mensal do povo, é porque me resignei à influência da mão invisível. O que estou tentando dizer é que não dou crédito algum a mim mesmo por qualquer coisa digna de crédito que eu tenha feito ou possa fazer. Se eu tivesse seguido o que pareciam ser as minhas tendências e inclinações naturais, teria caído na derrota em qualquer um dos sete momentos decisivos da minha vida, mas sempre houve uma força orientadora que veio em meu socorro e me salvou da derrota.

Faço essas confissões com espírito de franqueza e com o desejo sincero de ajudar outras pessoas a se beneficiarem com minhas experiências, conforme aqui estabelecido. Muitas das minhas conclusões, você certamente perceberá, são puramente hipotéticas, mas eu me sentiria uma fraude de primeira linha se tomasse para mim, seja por declaração direta ou por insinuação, o crédito por aqueles impulsos superiores que realmente vieram para quebrar as minhas próprias tendências naturais, a fim de se firmarem em mim. Se tivesse seguido as minhas conclusões e tendências intelectuais, eu teria caído em fracasso em cada um desses sete pontos de virada da minha vida, uma conclusão que sou forçado a chegar à luz de uma interpretação razoavelmente profunda do significado das lições que cada um desses pontos me ensinou.

Agora deixe-me resumir as lições mais importantes que aprendi em minha busca pelo final do arco-íris. Não tentarei mencionar todas as lições, apenas as mais importantes. Vou deixar para sua própria imaginação muito do que você pode ver sem que eu conte aqui.

Em primeiro lugar, e mais importante de tudo, em minha busca pelo final do arco-íris, encontrei Deus em uma manifestação muito concreta, inconfundível e satisfatória, o que já seria suficiente se eu não tivesse encontrado nada mais. Durante toda a minha vida, estive um tanto incerto em minha própria mente quanto à natureza exata daquela mão invisível que dirige os assuntos do Universo, mas meus sete pontos de virada na trilha do arco-íris da vida me levaram, finalmente, a uma conclusão satisfatória. Se a minha conclusão está certa ou errada não tem muita importância; o principal é que me satisfaça.

As lições de menor importância que aprendi são estas:

Aprendi que aqueles que consideramos os nossos inimigos são, na verdade, nossos amigos. À luz de tudo o que aconteceu, eu não voltaria atrás para desfazer uma única dessas experiências difíceis com as quais me deparei, porque cada uma delas me trouxe evidências positivas da solidez da Regra de Ouro e da existência da lei de compensação por meio da qual reivindicamos nossas recompensas pela virtude e pagamos as penalidades por nossa ignorância.

Aprendi que o tempo é amigo de todos os que baseiam seus pensamentos e ações na verdade e na justiça, e que é inimigo mortal de todos os que não o fazem, mesmo que a penalidade ou a recompensa muitas vezes demore a chegar aonde é devida.

Aprendi que o único pote de ouro pelo qual vale a pena lutar é aquele que vem da satisfação de saber que os seus esforços estão trazendo felicidade para as outras pessoas.

Um por um, vi aqueles que eram injustos e que tentaram me destruir serem derrubados pelo fracasso. Vivi para ver cada um deles reduzido ao fracasso muito além de qualquer coisa que eles planejaram para mim. O banqueiro que mencionei foi reduzido à pobreza. Os homens que roubaram a minha participação na Betsy Ross Candy Company e tentaram destruir a minha reputação acabaram no que parece ser um fracasso permanente, e um deles está preso em uma penitenciária federal.

O homem que me enganou em meu contrato de US$ 100 mil e a quem elevei à riqueza e à influência foi reduzido à pobreza e à miséria. A cada curva da estrada que levava, finalmente, ao final do meu arco-íris, eu via evidências indiscutíveis para apoiar a filosofia da Regra de Ouro que agora estou transmitindo, por meio de esforço organizado, a centenas de milhares de pessoas.

Por fim, aprendi a ouvir o toque do "sino" que me guia quando chego à encruzilhada da dúvida e da hesitação. Aprendi a acessar uma fonte até então desconhecida, da qual obtenho minhas sugestões quando desejo saber para onde ir e o que fazer. Esses sussurros nunca me levaram na direção errada e tenho certeza de que nunca o farão.

Ao terminar estas linhas, vejo nas paredes do meu escritório as fotos de grandes homens cujas personalidades tentei imitar. Entre elas, está a do imortal Lincoln, em cujo rosto rude e cansado parece que vejo um sorriso emergindo e de cujos lábios quase posso ouvir aquelas palavras mágicas: "Com caridade para todos e malícia com ninguém". E, no fundo do meu coração, ouço o misterioso toque do sino, e em seguida vem, mais uma vez, ao encerrar estas linhas, a maior mensagem que já chegou à minha consciência:

"Permanece Deus nas sombras de cada fracasso".

December, 1919

HILL'S Golden Rule

Edited by
NAPOLEON HILL

For Those Who Think and Want to Grow

A BUSINESS MAGAZINE that is "different."

¶ A Magazine of Economic Philosophy and Applied Psychology, dealing with the Laws of the Mind and Human Conduct that point ***the way to success for every human being.***

¶ The two little dimes you invest in this copy ***may mark the turning point in your career.***

THIS MAGAZINE CONTAINS NO FICTION

20 Cents a Copy

PNEANUUS SODARIA

Capítulo III

UM INVENTÁRIO PESSOAL DOS SETE PONTOS DE VIRADA DA MINHA VIDA

Já ouvi muitas vezes a frase "se eu pudesse voltar minha vida e vivê-la de novo, eu a viveria de forma diferente!".

Pessoalmente, não poderia dizer com sinceridade que eu mudaria qualquer coisa que aconteceu em minha vida se pudesse vivê-la de novo. Não que eu não tenha cometido erros, pois, na verdade, me parece que cometi mais erros do que um homem comum cometeria, mas desses erros surgiu um despertar que me trouxe verdadeira felicidade e abundantes oportunidades de ajudar outras pessoas a encontrarem a tão procurada disposição emocional.

Estou convencido, sem margem de dúvida, de que há uma grande lição em todo fracasso e que o chamado fracasso é absolutamente necessário antes que um sucesso valioso possa ser alcançado.

Estou convencido de que parte do plano da natureza é lançar obstáculos no caminho de um homem e que a maior parte do aprendizado de uma pessoa vem não de livros ou professores, mas do esforço constante para superar esses obstáculos.

Acredito que a natureza coloca obstáculos no caminho de um homem, assim como o treinador estabelece obstáculos para um cavalo pular enquanto está sendo treinado para a "marcha".

Hoje é o meu aniversário! Vou comemorar fazendo o meu melhor para deixar registrado, para os leitores deste pequeno mensageiro de capa marrom, algumas das lições que os meus fracassos me ensinaram.

Vamos começar com o meu passatempo favorito, ou seja, a minha crença de que a única felicidade real e verdadeira que alguém experimenta vem de ajudar as outras pessoas a encontrarem a felicidade.

Pode ser mera coincidência que praticamente 25 dos meus 36 anos de idade foram anos muito infelizes e que comecei a encontrar a felicidade no mesmo dia em que passei a ajudar as outras pessoas a encontrá-la, mas não acredito nisso. Acredito que isso seja mais do que mera coincidência – acredito que esteja em estrita conformidade com uma lei do Universo.

A minha experiência me ensinou que um homem não pode semear uma safra de tristeza e esperar colher uma safra de felicidade, assim como não pode semear cardos e esperar colher trigo. Por muitos anos de cuidadosos estudos e análises, aprendi, de maneira conclusiva, que aquilo que um homem dá volta a ele em proporções muito maiores, até o mais ínfimo pormenor, seja um simples pensamento ou um ato mal-intencionado.

De um ponto de vista material e econômico, uma das maiores verdades que aprendi é que vale a pena prestar um serviço melhor e mais amplo do que o que você é pago para prestar, pois, tão certo quanto isso, é apenas uma questão de tempo até que alguém seja pago por mais do que realmente faz.

Essa prática de colocar o coração em todas as tarefas, independentemente da remuneração, vai mais longe em direção à realização do sucesso material e financeiro do que qualquer outra coisa que eu possa mencionar.

No entanto, isso não é menos importante do que o hábito de perdoar e esquecer os erros que os nossos semelhantes cometem contra nós. O hábito de "dar o troco" àqueles que nos irritam é uma fraqueza que tende a degradar e prejudicar todos os que o praticam.

Estou convencido de que nenhuma lição que minha experiência de vida me ensinou foi mais preciosa do que aquela que aprendi ao exigir sempre "a parte que me cabia" e sentindo que era meu dever ressentir-me de cada insulto e de cada injustiça.

Estou totalmente convencido de que uma das maiores lições que um homem pode aprender é a do autocontrole. Ninguém pode exercer grande influência sobre outras pessoas até que primeiro aprenda a exercer controle sobre si mesmo. Parece-me ser de particular importância, quando paro e considero que a maioria dos grandes líderes do mundo era de homens que demoravam a se enfurecer e que o maior de todos os líderes de todos os tempos, que nos deu a maior filosofia que o mundo já conheceu, tal como a estabelecida na Regra de Ouro, era um homem com tolerância e autocontrole.

Estou convencido de que é um erro grave para qualquer pessoa começar com a crença de que sobre os seus ombros está o fardo de "corrigir" o mundo, ou de mudar a ordem natural da conduta e do comportamento humano. Acredito que os próprios planos da natureza estão funcionando com bastante rapidez, sem a interferência daqueles que presumem tentar apressar a ordem natural das coisas ou, de alguma forma, desviar o seu curso. Tal presunção leva apenas a discussões, contendas e ressentimentos.

Aprendi, pelo menos para minha própria satisfação, que um homem que perturba e provoca mal-estar e ressentimentos entre os seus semelhantes, por qualquer motivo, não serve a nenhum real propósito construtivo na vida. Vale a pena incentivar e construir em vez de censurar e destruir.

Quando iniciei a publicação desta revista, comecei a fazer uso desse princípio, dedicando o meu tempo e as páginas editoriais ao que é construtivo e fazendo vista grossa ao que é destrutivo.

Nada do que eu tenha feito em todos os meus 36 anos de idade provou ser tão bem-sucedido ou me trouxe tanta felicidade real quanto o meu trabalho nesta pequena revista.

Quase desde o primeiro dia em que a primeira edição foi às bancas, o sucesso coroou os meus esforços com mais abundância do que eu esperava. Não necessariamente o sucesso financeiro, mas aquele sucesso mais elevado e mais refinado que se manifesta na felicidade que esta revista ajudou outras pessoas a encontrarem.

Descobri, com base em muitos anos de experiência, que é um sinal de fraqueza se um homem se permite ser influenciado contra um de seus semelhantes por causa de alguma observação feita por um inimigo ou por alguém preconceituoso. Um homem não pode realmente alegar ter autocontrole ou a capacidade de pensar com clareza até que aprenda a formar opiniões sobre os seus semelhantes não a partir do ponto de vista de outra pessoa, mas do seu real conhecimento.

Um dos hábitos mais prejudiciais e destrutivos que tive que superar foi o de me deixar influenciar contra uma pessoa por alguém tendencioso ou preconceituoso.

Outro grande erro grave, que aprendi por tê-lo cometido repetidas vezes, é caluniar o próximo, com ou sem motivo. Não consigo me lembrar de nenhum crescimento pessoal adquirido com meus erros que me tenha dado tanta satisfação real quanto aquele que experimentei a partir do entendimento de que, até certo ponto, aprendi a segurar a minha língua, a menos que pudesse dizer algo gentil sobre meus semelhantes.

Só aprendi a conter essa tendência humana natural de "fazer picadinho dos inimigos" depois que comecei a entender a Lei da

Retaliação (Lei de Talião), por meio da qual um homem certamente colherá o que semeou, seja de boca em boca ou por ações.

Não sou, de forma alguma, mestre em conter esse mal, mas, pelo menos, comecei a vencê-lo de forma justa.

A minha experiência me ensinou que a maioria dos homens é inerentemente honesta e que aqueles que costumamos chamar de desonestos são vítimas de circunstâncias sobre as quais não têm controle.

Tem sido uma fonte de grande benefício para mim, ao editar esta revista, saber que é uma tendência natural das pessoas viver de acordo com a reputação que os seus semelhantes lhes dão.

Estou convencido de que todo homem deveria passar por essa dolorosa língua afiada, pela valiosa experiência de ter sido atacado pelos jornais e perder a sua fortuna, pelo menos uma vez na vida, porque é quando a calamidade se apodera de um homem que ele fica sabendo quem são os seus verdadeiros amigos. Os amigos ficam enquanto os "assim chamados", os "pretensos", se escondem ou somem.

Aprendi, entre outras informações interessantes sobre a natureza humana, que um homem pode ser julgado com muita precisão por meio do caráter das pessoas que ele atrai. Aquele antigo axioma, "Aves da mesma plumagem voam juntas", é uma boa filosofia.

Em todo o Universo, esta Lei da Atração, como poderia ser chamada, atrai de forma contínua para certos centros coisas da mesma natureza ou semelhantes. Certa vez, um grande detetive me disse que essa Lei da Atração era a sua principal segurança para caçar criminosos e acusados de infringir a lei.

Aprendi que o homem que aspira a um trabalho público deve estar preparado para sacrificar muito e resistir a abusos e críticas sem perder a fé ou o respeito por seus semelhantes. De fato, é realmente raro encontrar um homem empenhado em servir às pessoas cujos motivos não sejam questionados pelas mesmas pessoas a quem os seus esforços mais beneficiam.

O maior servidor que o mundo já conheceu não apenas ganhou a má vontade de muitas pessoas de seu tempo – uma má vontade da qual muitos atualmente se tornaram herdeiros – como também perdeu a vida. Eles o pregaram em uma cruz, perfuraram o seu corpo com uma lança e o torturaram com crueldade, cuspindo em seu rosto enquanto sua vida se esvaía lentamente. Ele nos deu um ótimo exemplo a seguir em suas últimas palavras, ao dizer: "Perdoe-os, Pai, porque não sabem o que fazem".

Quando sinto o sangue subir à cabeça, com raiva por conta dos males que meus semelhantes me fazem, encontro conforto na bravura e na paciência com que o Grande Filósofo observou os seus algozes enquanto eles o matavam lentamente, sem ter feito ofensa alguma, exceto a de tentar ajudar os seus semelhantes a encontrarem a felicidade.

Por experiência, aprendi que o homem que acusa o mundo de não lhe dar a chance de ter sucesso no trabalho que escolheu, em vez de apontar o dedo acusador para si mesmo, raramente encontra o seu nome na lista dos bem-sucedidos.

Uma "chance de ter sucesso" é algo que todo homem deve criar para si mesmo. Sem certo grau de combatividade, uma pessoa não é capaz de realizar muito neste mundo, ou de adquirir qualquer coisa que seja muito cobiçada por outras pessoas. Sem combatividade, um homem pode herdar facilmente a pobreza, a miséria e o fracasso, mas, se ele se apodera do oposto disso, deve estar preparado para "lutar" pelos seus direitos.

Mas, note bem, estou dizendo seus "direitos".

Os únicos "direitos" que um homem tem são aqueles que ele conquista para si mesmo em troca de um serviço prestado; e pode não ser uma má ideia nos lembrarmos de que a natureza desses "direitos" corresponderá exatamente à natureza do serviço prestado.

A minha experiência me ensinou que uma criança não pode carregar um fardo mais pesado nem ser castigada com uma maldição maior do que aquela que acompanha o uso indiscriminado da riqueza. Uma análise detalhada e atenta da história mostrará que a maioria dos grandes servidores, das pessoas e da humanidade surgiu da pobreza.

Em minha opinião, o verdadeiro teste para um homem é dar-lhe riqueza ilimitada e ver o que ele fará com ela. A riqueza que tira o incentivo para se engajar em um trabalho construtivo e útil é uma maldição para aqueles que a usufruem. Não é a pobreza que um homem precisa observar, mas sim a riqueza e o poder que a acompanha, que a riqueza cria, para o bem ou para o mal.

Eu considero muita bem-aventurança ter nascido na pobreza, e durante meus anos mais maduros ter convivido intimamente com homens ricos; assim, tive uma demonstração muito justa do efeito dessas duas condições amplamente opostas. Sei que não precisarei me vigiar tão de perto enquanto as necessidades comuns da vida me confrontarem, mas, caso eu enriqueça, seria absolutamente essencial ver que isso não tiraria de mim o desejo de servir aos meus semelhantes.

Minha experiência me ensinou que uma pessoa normal pode realizar qualquer coisa humanamente possível com a ajuda da mente humana. A coisa mais grandiosa que a mente humana pode fazer é imaginar! O chamado gênio é apenas uma pessoa que criou algo que foi definido em sua mente, por meio da imaginação, e depois transformou essa imagem em realidade, por meio da ação material.

Tudo isso, e um pouco mais, aprendi nestes últimos 36 anos. Mas a maior coisa que eu aprendi é aquela antiga verdade que os filósofos de todos os tempos nos disseram: que a felicidade não se encontra nas posses, mas no serviço útil!

Essa é uma verdade que alguém só pode ser apreciar depois de tê-la descoberto por si mesmo.

Pode ser que haja muitas outras maneiras pelas quais eu poderia encontrar uma felicidade maior do que a que recebo em troca do trabalho que dedico à edição desta pequena revista, mas, francamente, não as descobri, nem espero por isso.

A única coisa em que consigo pensar que me traria uma medida maior de felicidade do que a que já tenho seria um número maior de pessoas para servir, por meio desta pequena mensageira de bom-humor, disposição e entusiasmo.

Acredito que o momento mais feliz da minha vida foi vivido há algumas semanas, enquanto eu fazia uma pequena compra em uma loja em Dallas, no Texas. O jovem que estava esperando por mim era um tipo bastante sociável, falante e pensativo. Ele me contou tudo sobre o que estava acontecendo na loja – fiz uma espécie de "visita aos bastidores", por assim dizer – e mencionou que o gerente havia deixado todo o seu pessoal muito feliz naquele dia, prometendo-lhes um Golden Rule Psychology Club e uma assinatura da revista *Hill's Golden Rule*, de Napoleon Hill, com os cumprimentos da loja (não, ele não sabia quem eu era).

Isso me interessou, naturalmente, então perguntei quem era esse tal de Napoleon Hill de quem ele estava falando. Ele olhou para mim com uma expressão interrogativa no rosto e perguntou: "Você nunca ouviu falar de Napoleon Hill?". Respondi que o nome parecia bastante familiar, mas perguntei ao jovem o que levou o gerente da loja a dar a cada um de seus funcionários um ano de assinatura da *Hill's Golden Rule*, e ele disse: "Porque a edição de um mês converteu um dos homens mais mal-humorados que temos em um dos melhores sujeitos desta loja, e meu chefe havia dito que, se isso acontecesse, ele iria querer que todos nós a lêssemos".

Não foi o apelo ao meu lado narcisista que me deixou feliz quando apertei a mão do jovem e lhe disse quem eu era, mas aquele lado emocional mais profundo que sempre é tocado em todo ser humano quando descobre que o seu trabalho está proporcionando coisas boas, felicidade para as outras pessoas.

Esse é o tipo de felicidade que transforma a tendência humana comum para os apelos do ego e ajuda a evolução em seu trabalho de separar os instintos primitivos da intuição humana nos seres humanos.

Sempre argumentei que um homem deve desenvolver autoconfiança e que deve ser um bom divulgador de si mesmo. E vou provar que pratico o que prego sobre esse assunto afirmando ousadamente que, se eu tivesse um número de leitores tão grande quanto o que tem a revista *The Saturday Evening Post* – com a qual eu poderia contribuir mensalmente por meio desta publicação –, poderia realizar mais nos próximos cinco anos no sentido de influenciar as pessoas na forma de lidar umas com as outras tendo como base a Regra de Ouro do que todos os outros jornais e revistas juntos fizeram nos últimos dez anos.

Esta edição de dezembro da *Golden Rule* marca o fim de nosso primeiro ano, e sei que isso não será interpretado como uma vanglória indolente quando eu disser a meus leitores que as sementes que nós plantamos nestas páginas durante estes doze meses estão começando a brotar e crescer nos Estados Unidos, Canadá e em alguns países estrangeiros. Alguns dos maiores filósofos, professores, pregadores e homens de negócios da época não apenas nos prometeram o seu sincero apoio moral, mas também angariaram assinaturas para nós, a fim de ajudar a promover o espírito de boa vontade que estamos pregando.

É de se admirar que o seu humilde editor esteja feliz?

Existem homens que têm muito mais a mostrar da riqueza mundana em seus 36 anos de experiência do que este escritor, mas não tenho medo de desafiar todos eles a mostrarem um sortimento maior de felicidade do que este que eu desfruto como resultado do meu trabalho.

É claro que pode ser apenas uma circunstância sem sentido, mas, para mim, é bastante significativo que a maior e mais profunda felicidade que já experimentei tenha vindo desde que comecei a publicar esta revista.

"Tudo o que o homem semear, isso também ceifará." Sim, a citação veio da Bíblia e é uma filosofia profunda que sempre funciona. E, de maneira conclusiva, os meus 36 anos de experiência provaram isso.

Na primeira vez que tive a ideia de editar uma revista, há cerca de quinze anos, minha intenção era avançar em tudo o que era ruim e despedaçar tudo de que eu não gostava. Os deuses do destino devem ter feito uma intervenção para impedir que eu iniciasse tal empreendimento naquela época, porque tudo o que aprendi em meus 36 anos de experiência corrobora plenamente o teor e a filosofia da citação acima.

UMA SUGESTÃO PARA A SUA LISTA DE NATAL

Quero que você seja muito feliz neste Natal!

Permita-me sugerir um pequeno serviço simples que você pode prestar e que provavelmente lhe trará grande felicidade e, ao mesmo tempo, fará outras pessoas felizes.

Saia e compre alguns cartões de Natal e Ano-Novo.

Escreva algumas pequenas mensagens sentimentais nesses cartões, com a sua própria caligrafia, e então envie-os – NÃO PARA OS SEUS AMIGOS, mas para os seus inimigos! Envie um cartão para todas as pessoas de quem você já não gostou e para todas as pessoas que você acredita que já não gostaram de você. Torne a mensagem que você escrever em cada cartão adequada para a pessoa que o receberá.

Você não vai se ferir ao fazer isso. Isso pode lhe fazer muito bem. Uma coisa é certa: isso fará com que você se sinta mais aberto, tolerante, solidário e compreensivo neste Natal do que nunca.

Este é um ano em que as concessões devem ser feitas por todos nós. Nós temos muitas razões para mudar a nossa atitude com os nossos semelhantes. Fomos poupados do jugo da "kultur" que ameaçou o mundo há um ano. Ficamos ao lado do túmulo e observamos o velho John Barleycorn enquanto ele era enterrado para sempre. Isso e muito mais coisas aconteceram para fazer deste um mundo melhor para se viver.

De qualquer maneira, você não está satisfeito consigo mesmo, e isso é uma condição saudável, porque nenhuma pessoa normal está totalmente satisfeita. Você naturalmente deseja fazer alguma mudança em seu ambiente e em seus hábitos para o novo ano que se aproxima.

Seria possível você fazer algo melhor do que começar agora, no início do ano de 1920, com uma firme determinação de desenvolver a tolerância, a simpatia, o perdão e um senso de justiça com todos os seus semelhantes, tanto aqueles de que você não gosta quanto aqueles que você ama?

Não seria uma excelente ideia começar agora a desenvolver o hábito da autoconfiança, do bom humor e da consideração pelas outras pessoas, sabendo, como certamente saberá se parar para pensar, que essas mesmas qualidades se refletirão naqueles com quem você interage, e que eles eventualmente irão retorná-las para você em uma medida muito maior?

Todos nós fomos tacanhos, egoístas e mesquinhos no passado. Alimentamos a nossa mente com ódio, cinismo e desconfiança. Desejamos um futuro ruim para os nossos vizinhos; rimos quando eles estavam com problemas. Então vamos esquecer esses erros cometidos no passado, e apenas uma vez, se não por outra razão, que seja para experimentar, vamos nos elevar acima de nós mesmos e ser generosos e de mente aberta!

Você não pode encher o seu coração de amor e ódio ao mesmo tempo. Esses dois sentimentos humanos são incompatíveis. Geralmente predomina um ou outro. Qual, eu posso perguntar, você preferiria que predominasse em seu coração? Qual, você supõe, serviria melhor a você e o levaria ao ponto mais alto de realização?

De qualquer forma, compre esses cartões de Natal e faça o experimento que recomendei. Isso trará um raio de sol à sua vida que tocará cada átomo do seu ser e o fará irradiar aquelas qualidades que levam o mundo a chamar uma pessoa de "grande".

A verdadeira grandeza se manifesta primeiro no próprio coração! O mundo nunca descobre a grandeza de alguém até que o próprio indivíduo a tenha descoberto. Pode levar muito tempo depois de você descobrir que superou a mesquinhez, o ciúme, o ódio e a inveja antes que o mundo descubra, mas uma coisa é certa: essa descoberta nunca será feita pelo mundo até que ela seja feita por *você*!

Quando você começar a sentir no fundo do seu coração que uma grande alma habita dentro de seu corpo – que você iniciou o processo de transformação do velho para o novo –, não demorará muito até que os seus semelhantes comecem a fazer a mesma descoberta.

Você pode dar o primeiro passo na direção da verdadeira grandeza enviando aqueles cartões de Natal a todas as pessoas de quem você não gosta e a todas que você acredita que não gostem de você. Isso exigirá esforço de sua parte. Você terá que superar essa condenável natureza de teimosia, mas você pode fazê-lo, e valerá a pena.

Não tenho certeza, mas acredito fortemente que essa experiência valerá mais para você do que qualquer coisa que já aconteceu em sua vida, a menos que você seja uma dessas raras almas que se elevaram acima dessas qualidades negativas que se interpõem entre a maioria de nós e a oportunidade de desfrutar a felicidade e o único sucesso real que pode advir para qualquer ser humano – ou seja, a chance de trazer felicidade para outras pessoas.

A maior verdade que descobri em toda a minha experiência é que vale a pena – tanto em dinheiro quanto em serenidade mental – aprender a perdoar e esquecer a ingratidão e a grosseria dos outros. É uma coisa maravilhosa ser capaz de sentir e saber no fundo do seu coração que você se elevou acima da característica humana comum de "revidar" e exigir a "parte que lhe cabe" por cada maldade feita a você. O quão maravilhoso é, você só pode saber experimentando. Então experimente neste fim de ano, enviando aqueles cartões de Natal.

POR QUE ALGUNS HOMENS TÊM SUCESSO

Fiz uma descoberta importante, uma descoberta que pode ajudá-lo – seja você quem for e independentemente do seu objetivo principal na vida – a alcançar o sucesso.

Não é o toque de gênio, com o qual alguns homens deveriam ser dotados, que traz o sucesso. Não é sorte, nem influência, nem riqueza.

O mais importante, o elemento real sobre o qual a maioria das grandes fortunas foi construída, o elemento que ajuda homens e mulheres a alcançarem fama e posição elevada no mundo, é facilmente descrito:

É simplesmente o hábito de completar tudo o que se começa, primeiro tendo aprendido o que começar e o que não começar.

Faça um inventário de si mesmo nos últimos dois anos, digamos, e o que você descobrirá? As chances são de cerca de cinquenta para uma de que você descobrirá que teve muitas ideias, iniciou muitos planos, mas não concluiu nenhum.

Na sequência de lições sobre Psicologia Aplicada, que está sendo publicada em série nesta revista, você encontrará uma que explica a importância da concentração, seguida de informações simples e explícitas sobre exatamente como aprender a se concentrar.

Você fará bem em procurar essa lição em particular e estudá-la novamente. Estude-a com uma nova ideia em mente – a de aprender como completar tudo o que você empreender.

Você já ouviu sobre isso em provérbios desde que tinha idade suficiente para se lembrar, como este: "a procrastinação é a ladra do tempo". No entanto, porque eles se pareciam com uma pregação, você não prestou atenção ao significado.

Esse provérbio é literalmente verdadeiro!

Você não pode ter sucesso em nenhum empreendimento, seja ele grande ou pequeno, importante ou não, se simplesmente pensar no que gostaria de realizar e depois se sentar e esperar que a coisa se concretize sem um esforço paciente e meticuloso.

Quase todos os negócios que se destacam de modo notável, acima do desenvolvimento comum de negócios semelhantes, representam a concentração, o foco em um plano definido, ou ideia, que sofreu apenas pouca ou nenhuma variação.

O plano de promoção de vendas da United Cigar Stores foi baseado em uma ideia bastante simples – mas sobre a qual um esforço concentrado foi dirigido.

As lojas de varejo Piggly-Wiggly foram criadas com base em um plano definido, por meio do princípio da concentração – o plano em si é simples e de fácil aplicação para outras linhas de negócios.

As Drogarias Rexal foram criadas com base em um plano – por meio do auxílio da concentração.

O negócio automobilístico da Ford nada mais é do que a concentração, o foco em um plano simples – o plano de oferecer ao público um carro pequeno, útil e durável, pelo menor preço possível, dando ao comprador a vantagem da produção em série. Esse plano não foi alterado nos últimos doze anos.

As grandes empresas de venda por mala direta – Montgomery Ward & Company e Sears, Roebuck & Company – representam duas das maiores empresas de promoção de vendas do mundo – ambas fundamentadas no plano simples de dar ao consumidor a vantagem de comprar e vender em quantidade, e com a política de "satisfação" do cliente ou o seu dinheiro de volta. Essas duas empresas comerciais de promoção de vendas se destacam como monumentos gigantescos pelo princípio de aderir a um plano definido, por meio da concentração e do foco.

Existem outros exemplos de grande sucesso em promoções de vendas criadas sobre o mesmo princípio – adotando um plano definido e, em seguida, aderindo a ele até o fim.

No entanto, a cada grande sucesso para o qual podemos apontar como resultado desse princípio, podemos encontrar mil falhas ou quase fracassos nos quais nenhum plano desse tipo foi adotado.

Eu estava conversando com um homem algumas horas antes de escrever este editorial – um homem que é brilhante e, em muitos aspectos, um homem de negócios muito capaz, mas que não está obtendo sucesso pela simples razão de ter muitas ideias incompletas e mal planejadas, e seguir a prática de descartar todas elas antes que tenham sido devidamente testadas.

Ofereci a ele uma sugestão que poderia ter sido valiosa, mas ele respondeu imediatamente: "Ah, eu já pensei nisso várias vezes, e comecei a experimentar uma vez, mas não funcionou".

Observe bem estas palavras: "Eu comecei a experimentar uma vez, mas isso não funcionou". Ah, era aí que a falha poderia ter sido descoberta. Ele "começou" a experimentar.

Leitor da *Golden Rule*, observe estas palavras: o homem que obtém sucesso não é aquele que simplesmente "começa" algo, mas, sim, o que começa e termina, apesar de toda dificuldade!

Qualquer pessoa pode iniciar uma tarefa. É preciso que o chamado gênio reúna coragem, autoconfiança e paciência meticulosa suficientes para *terminar* o que começou.

Mas isso não é mérito do "gênio"; isso nada mais é do que persistência, boa vontade e bom senso. O homem que é considerado um gênio, conforme Edison nos disse tantas vezes, geralmente é apenas um trabalhador esforçado que encontra um plano consistente e depois se dedica a ele.

O sucesso raramente – ou nunca – vem de uma vez, ou precipitadamente. A realização que vale a pena geralmente representa uma dedicação longa e persistente.

Lembre-se do robusto carvalho. Ele não cresce em um ano, nem em dois, nem mesmo em três anos. São necessários muitos e muitos anos para um carvalho atingir um tamanho razoável. Há árvores que crescem muito em poucos anos, mas a madeira delas é macia e porosa, e elas têm vida curta.

O homem que decide ser um vendedor de calçados por um ano, depois muda de ideia e tenta a agricultura no ano seguinte, e depois, no outro ano, muda novamente para a venda de seguros de vida, está mais do que apto a fracassar em todas as atividades, considerando que, se ele tivesse se dedicado a uma dessas atividades por três anos, poderia ter construído uma bela história de sucesso.

Veja bem, sei muito sobre o que estou escrevendo, porque cometi esse mesmo erro por quase quinze anos. Eu sinto que tenho o direito de alertá-lo de um mal que pode surgir no seu caminho, porque sofri muitas derrotas por causa desse mal e, consequentemente, aprendi a reconhecê-lo.

O primeiro dia de janeiro – o dia das boas resoluções – está se aproximando. Reserve esse dia para dois propósitos e você, provavelmente, ganhará muito com a leitura deste editorial.

Primeiro, adote no mínimo um objetivo principal para você mesmo, pelo menos para o próximo ano e, de preferência, para os próximos cinco anos, e escreva esse objetivo principal palavra por palavra.

Segundo, disponha-se a fazer com que na primeira parte dessa sua declaração de objetivos principais leia-se algo assim: "Durante o próximo ano, eu determinarei do modo mais realista possível as tarefas que terei que realizar do início ao fim para ter sucesso, e nada neste mundo deve desviar os meus esforços para terminar todas as tarefas que eu começar".

Quase todo homem tem inteligência suficiente para criar ideias em sua mente, mas o problema com a maioria é que essas ideias nunca são colocadas em prática. A melhor locomotiva do mundo não vale um centavo nem puxará um único quilo de peso até que a energia armazenada na caldeira seja liberada para o trabalho mecânico do movimento.

Você tem energia na sua cabeça – todo ser humano normal tem –, mas não a está liberando para o movimento. Você não está aplicando essa energia, por meio do princípio da concentração, do foco, às tarefas que, se cumpridas, colocariam você na lista daqueles que são considerados bem-sucedidos.

Tanto quanto eu sei, a principal objeção aos cigarros é o fato indiscutível de que eles têm uma tendência clara a tornar a mente humana "entorpecida" e inativa. Isso é o suficiente para condená-los, porque qualquer coisa que prejudique e retarde as ações de um homem, ou a capacidade de manter a concentração e o foco em uma tarefa até que ela seja concluída, é prejudicial ao seu bem-estar.

Geralmente, um homem vai liberar o fluxo de ação que ele tem armazenado em sua mente quando estiver em conexão com uma tarefa que ele tenha prazer em realizar. Essa é a razão pela qual um homem deve se empenhar no trabalho de que ele mais gosta.

Existe uma maneira de persuadir essa sua mente maravilhosa a ceder sua energia e colocá-la em ação por meio da concentração em algum trabalho útil. Continue procurando até encontrar a melhor maneira possível de liberar essa energia. Encontre o trabalho por meio do qual você pode liberar essa energia mais prontamente e com mais boa vontade, e estará muito perto da profissão na qual deverá obter sucesso.

Tive o privilégio de entrevistar muitos dos chamados grandes homens – homens que eram considerados "gênios" – e, como encorajamento para você, quero dizer-lhe francamente que não encontrei nada neles que você, eu e todos os outros indivíduos "comuns" não tenhamos. Eles eram exatamente como nós, com nenhum cérebro a mais – às vezes, até com menos –, mas o que eles tinham, que você e eu também temos, mas nem sempre usamos, era a capacidade de liberar a energia armazenada no cérebro para a ação, e mantê-la concentrada em uma tarefa, grande ou pequena, até que ela fosse concluída.

Não espere se tornar um adepto da concentração na primeira vez que tentar. Aprenda primeiro a se concentrar nas pequenas coisas que você faz – apontar um lápis, embrulhar um pacote, endereçar uma carta, e assim por diante.

A maneira de atingir a perfeição nesta maravilhosa arte de terminar tudo o que você começa é desenvolver o hábito de fazer isso em conexão com cada tarefa que realiza, não importa o quão pequena seja. A primeira coisa que você entende é que isso se torna um hábito, e acaba sendo feito automaticamente, sem esforço.

Qual a importância disso para você?

Que pergunta inútil e boba – mas eu responderei: isso significará a diferença entre o fracasso e o sucesso!

PSICOLOGIA DE MASSAS

Agora mesmo o mundo está passando por uma demonstração muito impressionante do efeito da psicologia de massas ou "turba". Os psicólogos há muito sabem que o espírito dominante ou tendência de pensamento em uma multidão se espalhará de uma pessoa até que a multidão pense e aja como uma unidade.

Isso ocorre, muitas vezes, sem que uma palavra seja dita e sem qualquer tipo de demonstração. O próprio ar parece levar o pensamento dominante de um para outro.

Durante a guerra, alguns seres humanos gananciosos viram uma oportunidade de juntar algum dinheiro atacando as necessidades humanas. Esse espírito passou de um para outro até que, veja!, a primeira coisa que soubemos foi que o "aproveitador" ficou no centro das atenções.

Aqui é onde a psicologia de massas entra em ação. Essa tendência de obter algo por nada, ou por menos do que o seu valor, não pode ser curada por legislação ou qualquer outro tipo de força exceto a força da persuasão!

Todo aquele que conhece alguma coisa sobre as características da mente humana sabe que os homens não se absterão de fazer o mal até que desejem fazê-lo.

A mudança deve ocorrer no coração humano antes que possa haver qualquer manifestação externa permanente dela.

A influência que pode desviar a mente humana de sua tendência atual de obter algo por nada é uma força sutil e discreta – uma força que às vezes é chamada de *educação*!

Você pode aprovar leis que definam os limites aos quais um homem pode ir em determinada direção, mas é tolice acreditar que essas leis não podem ser derrotadas enquanto a preponderância da tendência for fazer o que as leis proíbem.

Qualquer lei que um homem possa conceber, algum outro homem pode anular!

O verdadeiro lugar para começar o trabalho de refrear a tendência humana comum de obter sem dar na proporção do que é recebido é no coração humano.

Você pode mudar a ética e os atos de um homem apenas na medida em que pode influenciar o seu coração e criar nele o desejo de realizar ou não determinada ação.

Que oportunidade maravilhosa o presente oferece aos escritores, filósofos, ministros religiosos e editores de nossos jornais diários e revistas mensais.

Esses homens estão empenhados em influenciar outras pessoas e induzi-las a querer fazer ou não determinada coisa. São eles que têm a mídia para atingir a "mente de massa" e influenciá-la. O esforço concentrado de um único ano apenas dos escritores e ministros religiosos, se eles trabalhassem em estreita cooperação uns com os outros, mudaria toda a tendência da mentalidade da massa.

Nenhum homem ou mulher que reflita questiona que há uma influência sutil sendo exercida e uma propaganda concentrada sendo realizada pelo elemento revolucionário da humanidade neste momento.

Nós devemos combater fogo com fogo!

Existe alguma mente humana imaginativa o suficiente para prever o que aconteceria se cada ministro religioso nos Estados Unidos se comprometesse a misturar em cada sermão que prega, durante os doze meses seguintes, uma pitada liberal da filosofia da Regra de Ouro e mostrar a seus seguidores exatamente qual o valor econômico de praticar essa filosofia nos negócios?

Existe alguma mente humana flexível o suficiente para prever, por qualquer extensão possível da imaginação, exatamente o que significaria se todos os jornais nos Estados Unidos dedicassem as suas colunas editoriais liberalmente a promover o espírito da Regra de Ouro nos negócios pelos doze meses seguintes?

Existe um educador cuja mente é imaginativa o suficiente para prever qual seria o resultado se cada professor nas escolas públicas dos Estados Unidos realizasse uma campanha sistemática e concentrada nas salas de aula com o propósito de mostrar às crianças em idade escolar a vantagem econômica da filosofia da Regra de Ouro?

Os seres humanos adotarão a Regra de Ouro como base de trabalho quando começarem a aprender que ela realmente tem um valor econômico e que é a única base sobre a qual a riqueza monetária e a felicidade permanentes podem ser alcançadas.

Cabe a vocês, senhores do ministério e senhores que dirigem e editam os jornais e revistas, aproveitar a maravilhosa oportunidade que agora está diante de vocês, de servir às massas.

E você, o que vai fazer com essa oportunidade?

O FELIZ MEIO-TERMO

O propósito da escolarização e da educação é desenvolver na pessoa um senso de proporções. Quando um homem começa a perder o seu senso de proporção em qualquer assunto, ou nem sequer chega a desenvolver esse senso, ele é conhecido como um "excêntrico" ou uma pessoa ligeiramente "fora do padrão".

Estritamente falando, supomos que não existe uma mente perfeitamente equilibrada, mas esse é o tipo de mente que a evolução, sem dúvida, pretende desenvolver.

A pessoa bem-educada é aquela que desenvolveu um senso de proporções completo. Para ser realmente educada, uma pessoa deve ser um tanto "filósofa" – deve adquirir o hábito de estudar as causas por seus efeitos ou, inversamente, de estudar os efeitos por suas causas.

Quando você passa a analisar, investigar e determinar os elementos componentes de qualquer problema ou assunto, está começando a desenvolver um senso de proporção.

A mente bem-equilibrada é uma mente analítica e inquisitiva.

A intolerância é uma das características mais destrutivas com as quais a raça humana é amaldiçoada. Nós temos motivos para acreditar que uma mente analítica e inquisitiva raramente, ou nunca, é intolerante.

Quando um homem julga qualquer assunto sem ter escutado as evidências ou examinado todos os fatos disponíveis, ele certamente não pode ser chamado de analítico. Também não se pode dizer que desenvolveu um bom senso de proporções.

Não acreditamos que a natureza revele os seus segredos ou seus planos para o homem que fecha os olhos para todas as evidências e se recusa a analisar, investigar ou examinar a obra dela.

Há uma causa para cada efeito. Se o efeito de nossos esforços na vida não for agradável, devemos lembrar que é um bom plano analisar e investigar a causa. Se não formos bem-sucedidos, é uma aposta de cem para um de que podemos encontrar a causa olhando para um espelho.

Não controlamos todas as causas que nos afetam neste mundo, nem um pouco, mas não é possível que controlemos causas suficientes para mudar os efeitos indesejáveis que são produzidos?

Não é possível que possamos controlar causas suficientes para mudar consideravelmente a nossa atitude em relação às outras pessoas e a atitude dos outros em relação a nós?

Quando você escrever o "objetivo principal" que pretende colocar em prática em 1º de janeiro, permita-me sugerir que em um dos pontos de suas ideias haja algo assim:

"Durante o próximo ano eu farei um esforço especial para desenvolver um justo senso de proporção, criando o hábito de analisar, investigar e examinar a causa de todos os efeitos que, de alguma forma, afetam os assuntos e objetivos de minha vida, minha paz de espírito, mente, ou o meu sucesso material".

OCTOBER, 1921

Napoleon Hill's Magazine

Edited by Napoleon Hill
Founder of

HILL'S GOLDEN RULE

Be sure to read the story of "B. J.," the world's most efficient salesman and advertiser. Ten years ago he could not get ten cents' worth of credit, and his neighbors, in Davenport, Iowa, smiled when he passed. Now he is worth over a million dollars, and a few weeks ago those same neighbors decorated their homes and places of business, and more than 8,000 people, forming a line over a mile long paraded in his honor. Truly, 1921 is rewarding its "fighters."

The little silver quarter you pay for this copy may mark the most important turning point in your life

100,000 CIRCULATION

BY DECEMBER THIRTY FIRST 1921

TWENTY-FIVE CENTS A COPY.
PAID CIRCULATION OF THIS MAGAZINE INCREASED 21,150
COPIES DURING OCTOBER

Capítulo IV

QUANDO UM HOMEM AMA O SEU TRABALHO

Durante mais de dez anos de pesquisa, abrangendo a análise de mais de doze mil homens e mulheres, descobri alguns fatos surpreendentes, entre eles a revelação de que um homem pode multiplicar por dez os resultados de seu trabalho, no mínimo, sem se cansar, quando ele encontra o trabalho que ama.

Ontem à noite, esqueci de ir para a cama. Fiquei tão absorto em meu trabalho que as asas prateadas do início da aurora se espalharam sobre mim antes que eu percebesse a passagem da noite.

Sinto-me revigorado. Sinto-me capaz para o trabalho do dia que tenho pela frente. O processo de construção e reparação do corpo esteve acontecendo dentro de mim a noite toda.

Ao produzir esta revista e distribuí-la nas partes mais remotas do país, achamos necessário fazer um trabalho sobre o qual seus leitores nunca ouviram falar. Organizar, preparar e imprimir o material que vai para esta revista é o mais fácil, e parece mais uma brincadeira do que um trabalho, porque nós adoramos. O mais difícil está na distribuição da revista depois de impressa.

Noite após noite, semana após semana, planejamos e executamos – trabalhando e nos divertindo, rindo e cantando, especulando e profetizando – o processo de produção e distribuição desta revista, mas nenhum de nós jamais reclamou de cansaço.

Depois do jantar, caminhamos oito quilômetros e voltamos, para o exercício físico necessário. Enquanto caminhamos, falamos e filosofamos; planejamos e pensamos; falamos do bem que há nos homens e do mal, atenuando o mal. Em seguida, voltamos ao pequeno local onde esta revista é criada e reiniciamos o jogo de ajudar as pessoas a ver a alegria, a beleza e a glória do esforço cooperativo baseado na Regra de Ouro.

Algumas semanas atrás, tivemos a oportunidade de passar o fim de semana em um acampamento. Nós imaginamos isso, nos vimos pescando e curtindo a bela paisagem ao ar livre, mas, quando pensamos na diversão que poderíamos ter aqui entre os prédios altos de Chicago, jogando por meio das páginas desta revista e ajudando milhares de outras pessoas a desfrutar desse jogo, decidimos que não poderíamos abrir mão de um fim de semana inteiro para um divertimento tão corriqueiro como a pesca e a caça.

Há uma causa psicológica por trás do fato de que um homem nunca se mata pelo trabalho árduo se estiver envolvido no tipo de trabalho que ama. Esse princípio pode ser demonstrado e comprovado por uma série de ilustrações simples. Por exemplo, que menino não se lembra de quanto tempo conseguiu jogar beisebol sem nunca se cansar, enquanto dez minutos empilhando lenha quase o levaram ao colapso?

Quem se lembra de sentir sono enquanto passava a maior parte da noite com a garota de sua escolha, enquanto se empenhava em tentar fazer propaganda de si mesmo para ela?

Quem se lembra, sem vontade de repetir, do árduo dia de escalada entre os penhascos e rochas de uma bela cordilheira com um grupo de excursionistas, e quem se lembra de ter ouvido falar de tal trabalho matando alguém?

A natureza dispôs as coisas de tal maneira que, onde habitam o amor e a alegria de servir, também pode ser encontrada a recompensa da satisfação. A natureza dispôs as coisas de tal maneira que a mente humana repele tudo o que não atrai. Existem apenas duas formas de energia; uma repele e a outra atrai. Quando a mente humana está conduzindo o corpo físico no esforço que ela ama, a lei da atração é automaticamente acionada e o corpo acha o trabalho fácil, porque não há atrito, nem a resistência da lei da repulsão.

Pense por um momento e entenda este princípio que estou tentando simplificar, porque vai valer a pena fazer isso.

Todo ato do corpo físico que é resultado da força do medo ou da necessidade, e que não surge do puro amor pelo serviço realizado, encontra imediatamente a resistência da lei de repulsão, e o resultado é atrito, perda de energia, corpo cansado e mente cansada.

Quando você leva uma criança a fazer uma coisa à qual ela se sente obrigada por medo, então você aciona a lei da repulsa, e o resultado pode ser um ressentimento que trará indisposição ou, pelo menos, um grande choro; ambos desgastam células do corpo e resultam em fadiga.

O mesmo princípio se aplica, é claro, quando homens e mulheres, por necessidade, são forçados a se envolver em um trabalho que não amam. Eles trabalham porque precisam comer, mas o tempo todo a lei de repulsão é acionada e está produzindo ressentimento, cinismo, medo e outras qualidades negativas, e todas destroem os tecidos e as células do corpo e produzem fadiga.

Um teste experimental que fiz durante a guerra mostrou que resultados surpreendentes poderiam ser produzidos ao fornecer música apropriada para trabalhadores que executavam suas tarefas sob grande tensão e em alta velocidade. Eles produziram de 25% a 50% a mais de trabalho, mas a melhor parte da descoberta foi que eles não estavam exaustos no fim do dia.

Certamente aqui está uma dica para os engenheiros de produção e os empregadores de mão de obra. Torne o trabalho atraente, dê-lhe um toque de arte sempre que possível e misture-o com música; embeleze-o com qualquer influência modificadora que desarme a lei da repulsão, e os trabalhadores farão mais e reclamarão menos, porque não ficarão exaustos quando o dia de trabalho terminar.

Quando eu era mais novo, costumava frequentar aquelas reuniões sociais noturnas em que os jovens da comunidade se juntavam para dançar e jogar nos distritos rurais. Eu nunca me lembro de ter reclamado de cansaço por perda de sono ou muito esforço, e essas reuniões exigiam ambos. A agitação era intensa e não dormíamos nada, mas, como a lei da atração estava funcionando enquanto isso, e a lei da repulsão não tinha permissão para interferir, saíamos das reuniões revigorados e prontos para mais na noite seguinte.

O corpo físico é um instrumento no qual a energia que chamamos de mente está constantemente tocando. Se direcionarmos essa energia para que ela não se rebele nem acione a lei da repulsão, não haverá desgaste no corpo e a fadiga não será sentida. Mas, quando um conjunto de emoções começa a exigir o uso do corpo físico, e outro conjunto contesta essa reivindicação e tenta repelir o requerente, então a guerra se inicia entre duas forças opostas, e o resultado é a morte das células do corpo. Elas caem aos milhões, como soldados na guerra, destruídas pela falta de harmonia de propósito e de esforço entre o corpo e a mente.

Os soldados não são os únicos que se engajam na guerra. Há uma pequena guerra acontecendo dentro de cada corpo humano onde a paz, a harmonia e o amor para prestar serviço não habitam! Todo ato que uma pessoa executa que resulta do medo, ou da necessidade, ou de qualquer outra causa que não seja o desejo de realizá-lo, coloca essas duas forças opostas de atração e repulsão em movimento, e o resultado é guerra e morte, porque as células do corpo são os seres físicos com os quais essas forças se combatem.

Esse é um fato cientificamente comprovado que estou passando para você, embora eu tenha feito o possível para despojá-lo de termos científicos, para que fique tão óbvio que todos possam entender e se apropriar dele.

Há dez anos venho analisando pessoas e, a partir dessa pesquisa abrangendo a análise individual de mais de doze mil homens e mulheres de várias idades, temperamentos e tipos de educação, fiz a surpreendente descoberta de que o sucesso na vida – aquela eterna verdade pela qual toda a humanidade tem se esforçado – baseia-se em alguns fundamentos muito simples, e um deles é este:

De que alguém terá sucesso em qualquer empreendimento se amar o trabalho e aprender como colocar em jogo a lei da atração e se abster de despertar a lei da repulsão.

O sistema de análise de personalidade que desenvolvi como parte de meu trabalho de pesquisa abrange mais de 150 questões, e quase todas elas pretendem revelar a natureza do trabalho de que a pessoa que está sendo analisada mais gosta. Uma vez estabelecido esse fato, é tão fácil prescrever uma receita para o sucesso quanto prescrever um remédio para um menino com o rosto arranhado. Em ambos os casos, o paciente muitas vezes se rebela, grita e tenta fugir do remédio, mas a prescrição, quando seguida, faz o seu trabalho.

Eu preferiria assumir a presidência da Federação Americana do Trabalho à presidência dos Estados Unidos, porque, se eu tivesse esse lugar estratégico de enorme poder no campo da economia mundial, direcionaria todos os meus esforços para a tarefa de ensinar o trabalho organizado, cujo princípio estou escrevendo aqui, e, se eu provasse ser um professor competente e fizesse um bom trabalho vendendo esse princípio à classe trabalhadora comum, poderia tornar o trabalho organizado o mais poderoso, o mais satisfeito, a força mais construtiva do mundo, tudo em uma dúzia de anos, ou menos.

Isso não é uma reflexão sobre [Samuel] Gompers, um homem de excelente caráter e grandes ideais, porque ele provavelmente conhece a verdade do que vi tão bem quanto eu, mas provavelmente sente suas mãos atadas para que não possa colocá-la em ação.

Eu não sou o Sr. Gompers, nem sou o presidente da Federação Americana do Trabalho, mas estou levando este pensamento para o povo, incluindo as bases do trabalho, com uma rapidez cada vez maior, que pode mostrar resultados bastante justos dentro dos próximos dez anos.

Os salários não satisfarão os homens. O homem cujo envelope de pagamento é tudo o que recebeu por seu trabalho é mal pago, não importa o quanto possa conter no envelope ou se o seu conteúdo foi arrancado do contratante por meio da força do trabalho sindicalizado ou se encontra o seu caminho lá como resultado de um contratante disposto e satisfeito. O verdadeiro salário vem do amor para servir, e se o homem que trabalha não vê nos resultados nada além de um sustento que é forçado a arrancar com suor e labuta, ele está sendo enganado ou está se privando da maior herança da vida.

Esta não é uma teoria finamente inventada sobre a qual estou escrevendo, pois lembre-se de que já ganhei a vida com o suor do rosto e os calos em minhas mãos, prestando o tipo de serviço mais humilde. Trabalhei por comida e roupas e cheguei a ganhar US$ 100 mil por ano. Portanto, eu sei, não por ouvir dizer, mas por experiência real, que nenhuma quantia de dinheiro traz felicidade, a menos que esse dinheiro venha da prestação de serviço que um homem gosta de prestar. Se houver rebelião em seu coração ou se ele prestar serviço com reserva mental, o homem nunca receberá o pagamento real por tal serviço – que é a felicidade.

Meu coração quase para de bater quando vejo meus semelhantes liderados por falsos líderes, marchando para fora das minas da Virgínia Ocidental em uma formação de multidão armada organizada na vã tentativa de obter algo pela lei da força! Enquanto escrevo estas linhas, e isso foi o que me inspirou a escrever, tenho diante de mim os relatórios da imprensa e relatórios privados de meus próprios representantes, por meio dos quais obtive dados verídicos sobre a chamada guerra das minas da Virgínia Ocidental. Suspeito que não terei terminado estas linhas antes que o presidente Harding tenha enviado tropas dos Estados Unidos à Virgínia Ocidental para trazer ordem ao caos. E o que esses pobres e equivocados trabalhadores obterão?

Leia devagar e raciocine enquanto lê, e eu lhe direi:

Eles serão abatidos se persistirem na violência da multidão, mas, mesmo se pararem antes que a mão pesada da lei caia sobre eles, receberão uma grande colheita de ressentimento público que não poderão superar nos próximos dez anos.

E a lástima de tudo isso é que nenhuma palavra de repúdio foi proferida por qualquer líder do trabalho sobre esse movimento imprudente dos mineiros da Virgínia Ocidental. O meu coração está com o povo trabalhador, porque eu vim dessa classe e, na verdade, nunca saí dela. Mas verdade é verdade e lei moral é lei moral, não importa quais sejam os sentimentos pessoais de um homem. E não pondero nada além da verdade quando digo que a ação dos mineiros da Virgínia Ocidental é nada menos que uma tragédia que cairá pesadamente sobre as cabeças da mão de obra sindicalizada e de todos os trabalhadores que pertencem ao trabalho sindicalizado nos Estados Unidos.

Embora eu possa ter divagado por um momento, ainda estou escrevendo sobre homens que tiveram sucesso porque amam o seu trabalho, e nenhum homem pode amar o seu trabalho se for realizado com espírito de egoísmo, com o objetivo de espremer a última gota de sangue daquele que contratou os seus serviços. O sucesso na vida depende da felicidade, e a felicidade não é encontrada senão por meio do serviço prestado com espírito de amor. Se o serviço em si não for o fim em vez de apenas um meio para um fim, a felicidade não pode ser encontrada em sua execução.

Certamente, a Guerra Mundial deveria ter nos ensinado uma coisa, se é que não nos ensinou mais nada, e esse é o fato inquestionável de que a força física não pode ter sucesso permanente se for de tal natureza que põe em movimento o ressentimento e o ódio. Somente a verdade e a justiça, baseadas no amor pela humanidade e no desejo incessante de colocar os interesses da humanidade acima dos interesses do indivíduo, podem durar permanentemente.

O responsável por aqueles mineiros equivocados da Virgínia Ocidental, que pegaram em armas para tentar impor os seus pontos de vista à comunidade, é um tolo ou um criminoso astuto cujo único objetivo é promover algum interesse – note, eu disse "algum" interesse – que é contrário aos interesses daqueles que ganham a vida com o suor do rosto.

Conheço muito bem os trabalhadores para não saber que, por trás dessa missão tola que começaram, há uma mente orientadora discreta e astuta; uma mente que é movida pelo desejo não de servir, mas de lucrar egoisticamente; não para dar, mas para receber. Companheiros de trabalho do mundo, esforços construtivos, permanentes e desejáveis não podem ser produzidos dessa maneira.

Existe uma maneira melhor de obter o que você tem direito, e, a menos que todas as promessas de todos os líderes legítimos do passado, todas as conclusões dos grandes filósofos e todas as promessas que estão escritas nas árvores que crescem, nos riachos que correm, no canto dos pássaros e no rosto de criancinhas sorridentes, pela mão divina que guia o destino deste Universo, sejam falsas e doentias, esse caminho melhor pode ser encontrado na mesa-redonda, onde os homens se encontram e confiam uns nos outros, dão e recebem, fazem concessões e pedem concessões, baseando suas negociações sempre na Regra de Ouro.

A força vencerá por um tempo, mas a força não faz um homem amar o seu trabalho. E, a menos que o ame, ele certamente perderá o maior de tudo o que a vida nesta Terra promete, que é a alegria, a paz de espírito e a felicidade resultantes do relacionamento harmonioso e amigável entre os homens.

Encontre o trabalho que você ama, esqueça de si mesmo nesse trabalho, e sua recompensa em satisfação e consideração monetária será ampla para as suas necessidades nesta Terra, com uma margem segura sobrando.

AUGUST, 1921

Napoleon Hill's Magazine

Edited by Napoleon Hill
Founder of

HILL'S GOLDEN RULE

A National Magazine of Business Philosophy whose editor is searching the highways and byways for the undiscovered Lincolns and Washingtons and other leaders who are walking around in every community, awaiting only the coming of opportunity to enable them to render the world useful service. A Magazine that aims to inspire those who are not satisfied, and help them sweep on to the heights of attainment in their chosen work.

The little silver quarter you pay for this copy may mark the most important turning point in your life!

100,000 CIRCULATION
BY DECEMBER THIRTY FIRST 1921

TWENTY-FIVE CENTS A COPY.

Capítulo V

INICIATIVA

As mães são as pessoas mais estranhas! No entanto, a nossa atual civilização deve sua existência ao instinto materno da raça.

Eu não pretendia fazer disso uma dissertação sobre mães ou sobre o amor materno, mas mencionei mães no começo e devo mencionar mães no encerramento.

Um pequeno garoto foi a causa imediata de eu escrever isso. Escrevo sobre ele por vários motivos, e, pelo que sei, o menor deles é o fato de ele ser o nosso filho – da mãe dele e meu!

Lembre-se de que ele é apenas um de nossos três filhos.

Mas o meu assunto é iniciativa. As mulheres e as crianças ocupam o segundo lugar no que diz respeito a esta escrita em particular.

Sempre que vejo uma pessoa exercer essa rara qualidade chamada *iniciativa*, seja homem ou mulher, criança ou adulto, sinto vontade de encorajá-la a repetir o desempenho.

Talvez, então, o real objetivo deste artigo seja encorajar esse pequeno rapaz, quando ele crescer, a virar as páginas desta revista e ler o que seu pai escreveu anos antes. Talvez, também, eu possa estar escrevendo como um meio de encorajar outros pequeninos, e alguns que não são mais tão pequenos, a imitar o exemplo desse garoto.

De qualquer forma, ouça a história:

Alguém já disse que todas as pessoas nascem iguais. Eu contesto essa afirmação. Na verdade, posso refutá-la sem sombra de dúvida. As pessoas não nascem iguais. Todos têm direitos iguais para gozar da liberdade após o nascimento, o que, obviamente, é uma questão muito diferente de nascer igual.

Desde a primeira infância, algumas crianças são altamente educadas, e, por "educadas", quero dizer que elas têm a capacidade de conseguir o que desejam. Elas têm capacidade estratégica. Elas sabem fazer uso da lei da autopreservação e sobrevivência.

Outras crianças não têm essa habilidade. Algumas delas a adquirem mais tarde, por treinamento, enquanto outras nunca o fazem. Sempre foi e talvez sempre será uma boa questão saber se o treinamento permite que uma criança adquira a habilidade necessária para proteger os seus interesses, ou se o treinamento apenas desenvolve o que está silenciosamente adormecido dentro da criança, esperando para ser despertado e colocado em operação. Não é o meu propósito responder a essa pergunta, mas apenas levantá-la para você pensar enquanto lê.

O pequenino sobre quem estou escrevendo é meu homônimo. Para ser perfeitamente formal e adequado, apresento-lhe o mestre Napoleon Blair Hill, financista, empresário e versátil em problemas econômicos (bem como em gerenciamento de pais e mães).

Alguns meses atrás, Blair queria entrar no ramo de jornais. Sua mãe tinha uma série de noções sobre o empreendimento proposto, enquanto o seu pai tinha ainda outra. Você sabe como são as mães. Ao longo dos tempos, elas se sacrificaram para aliviar a carga de seus filhos. Elas trabalharam como escravas, labutaram e se privaram para que seus filhos "não passassem por momentos difíceis como quando elas eram crianças".

A mãe de Blair era muito parecida com todas as outras nesse aspecto, uma qualidade que não estou condenando de forma alguma; ao contrário, estou elogiando.

Eu queria ver todos os nossos meninos experimentando aquela emoção maravilhosa que um menino sente quando, pela primeira vez, percebe que está fazendo algo por conta própria. Queria empurrá-lo para fora da amurada em direção a águas profundas para que ele pudesse aprender a nadar, por assim dizer. Como a velha águia, que leva os filhotes até a beira do penhasco e os empurra para que aprendam a usar as suas asas, eu queria ver Blair entrar no ramo jornalístico e ser pisado por meninos mais velhos e rejeitado por adultos que não veem nada em um pequeno comerciante de notícias, exceto um abandono nas ruas, e muitas outras emoções; todas, do ponto de vista de um pai, teriam sido uma experiência boa e necessária para ele.

Enquanto sua mãe e eu conversávamos sobre o assunto dia após dia, Blair tornou as coisas muito mais fáceis para nós dois, exercendo um pouco daquela rara qualidade chamada iniciativa. Uma noite, enquanto estávamos fora, ele procurou o sapateiro da vizinhança, um senhor italiano com quem mantinha boas relações, e negociou um empréstimo de seis centavos.

Ele pegou esse capital e investiu em jornais. Ele vendeu o seu estoque, repetiu e vendeu novamente até ficar cansado demais para trabalhar por mais tempo. Então ele devolveu o capital que havia emprestado e voltou para casa com os seus lucros: quarenta e sete centavos!

Em uma noite, sem experiência anterior, sem assessoria e sem conselho sobre capital emprestado, esse pequeno sujeito ganhou três centavos a mais do que eu ganhava por um dia inteiro de trabalho quando tinha mais do que o dobro de sua idade.

Quando sua mãe e eu chegamos em casa naquela noite, ouvimos a história desse sucesso comercial incomum. Blair estava na cama, dormindo, mas a governanta nos deu os detalhes. Nós entramos no quarto de Blair. O companheirinho estava dormindo com o rosto sobre uma das mãos. Sua mãe tirou a mão de debaixo de sua cabeça, abriu a sua mãozinha suja, e moedas e mais moedas rolaram por todo o quarto.

Ele não queria se arriscar a perder aquele dinheiro suado, então foi para a cama com ele.

Agora, é por isso que eu digo que "mães são as pessoas mais estranhas": a mãe de Blair engatinhou pelo chão, juntou aquelas moedas e colocou cada uma de volta na mão dele, depois se ajoelhou ao lado da cama e chorou como se seu coração fosse se partir.

As mães são as pessoas mais estranhas, não são?

A transação comercial de Blair me afetou de maneira diferente. O significado que atribuí a isso foi o seguinte: viesse o que viesse, ali estava um de nossos meninos que sempre seria capaz de ganhar o seu sustento. Eu vi a liderança em meu filho e fiquei orgulhoso, muito orgulhoso dessa habilidade. Eu vi uma coisa enquanto a mãe dele via outra.

O que ela viu, sem dúvida, foi muito modificado por seu instinto materno, aquele instinto que sacrificou e fez com que as mães se colocassem entre seus filhos e o perigo e a dor ao longo dos tempos. A mãe de Blair viu um menino cansado que balançava um maço de jornais pelas ruas perigosas, enfrentando todo tipo de aflição.

Eu vi um pequeno empresário orgulhoso, cujo primeiro empreendimento foi um grande sucesso e cuja experiência lhe daria maior coragem e mais fé em sua capacidade em seu próximo esforço. Isso era tudo uma questão de ponto de vista e experiências emocionais anteriores. Sua mãe havia herdado e experimentado da vida um conjunto de emoções, enquanto eu havia herdado e adquirido outro totalmente diferente. Consequentemente, a mesma transação comercial desafiou cada um de nós de uma maneira diferente.

O cabelo de Blair é comprido, mas você não deve ter a impressão de que ele é efeminado por causa disso. Menciono o motivo pelo qual o seu cabelo é comprido porque tem uma influência importante sobre o que estou escrevendo sobre ele.

O seu cabelo é comprido para encobrir as suas orelhas deformadas. A natureza pregou uma peça cruel nesse pequeno rapaz – foi realmente cruel? –, esquecendo-se de lhe dar orelhas perfeitas. Ele não tem as orelhas, mas ouve quase tão bem quanto uma pessoa cujas orelhas são normais. A diferença, principalmente, está na aparência.

Mas o que a natureza deixou devendo em aparência ela compensou de outras maneiras, como mostra em parte a história que contei. Tanto quanto posso ver, Blair não sentirá muita falta de suas orelhas, e a sua deformidade não o deixará envergonhado depois que crescer o suficiente para não se importar quando outras crianças rirem dele por causa de seu cabelo comprido.

Ele faz bom uso de sua deformidade agora. Serve-lhe bem quando deseja fingir não ouvir quando lhe pedem para fazer o que não quer. Talvez ele, como Thomas A. Edison, descubra que o defeito da audição serve para bloquear um monte de tagarelice inútil que poderia interromper uma cadeia de pensamentos inteligentes de vez em quando.

Talvez também – e tentarei fazer com que isso aconteça – ele desenvolva uma escuta apenas para as palavras construtivas que as pessoas falam. Vou tentar fazer com que ele nunca aprenda a ouvir as palavras da língua do caluniador, ou, se ele realmente as ouvir, que finja que não, como às vezes faz quando sua mãe o chama: "Blair, desça dessa macieira e deixe os pássaros em paz". Nessas ocasiões, ele tem uma audição extremamente ruim, mas, quando papai pergunta "Blair, você gostaria de ir pescar esta tarde?", ele pode ouvir isso a uma distância considerável, sem se esforçar.

Mas as mães são as pessoas mais estranhas...

As mães são as pessoas mais estranhas!
Lembro-me de quando John foi embora.
Todos, exceto a mãe, choraram e choraram
Quando eles se despediram naquele dia.
Ela apenas falou, e parecia não estar
Nem um pouco chateada –
Foi a única que sorriu!
Os olhos das outras pessoas estavam úmidos.
Mas quando John voltou novamente
Em licença militar, são e salvo,
Com uma medalha por seus feitos,
E sem uma única ferida,
Enquanto o resto de nós comemorava,
Ria e brincava e dançava,
A mãe beijou-o e depois chorou –
Chorou e chorou como todo mundo!

Não estou reclamando de mães que querem proteger seus filhos, de jeito nenhum, e amo meus filhos tanto quanto a mãe deles. Apenas expresso o meu amor de uma maneira diferente. O meu jeito é o jeito do homem, o jeito dela é o jeito da mulher, e eu também não mudaria se pudesse.

Há conflito e luta pela frente para esses pequenos companheiros, os seus e os meus também, e quanto mais os prepararmos para enfrentar as cansativas colinas à frente, melhor eles estarão quando chegarem a essas colinas, especialmente se não estivermos lá para ajudá-los a escalar.

Eu ri quando aquelas moedas rolaram da mão do nosso filho; a mãe chorou. Eu ri porque, bem, talvez porque pensei que uma pessoa era o suficiente para chorar em casa ao mesmo tempo.

Ao pegar a mãe em meus braços e gentilmente afastá-la de seu filho feliz e adormecido, beijei as lágrimas de seu rosto ao dizer-lhe que homem de negócios maravilhoso nosso menino sem orelhas se tornaria quando crescesse. E em meu coração me senti feliz por Deus ter feito as mães exatamente como elas são, sempre prontas a derramar uma lágrima por cada ser vivo que sofre dor e dificuldade.

Talvez eu tenha escrito mais sobre outras coisas do que sobre iniciativa, e talvez tenha escrito demais sobre os membros de minha própria família, mas, de alguma forma, não posso deixar de sentir que toda mãe e todo pai que ler isso entenderá, sem mais desculpas.

As mães são as pessoas mais estranhas!

O QUESTIONÁRIO DO SR. EDISON

Sim, eu me interessei pelas perguntas do teste de Thomas A. Edison. O resultado foi interessante. De memória, sem preparo anterior, respondi um pouco mais do que 5% das perguntas, e só!

Longa pausa, enquanto você ri da minha ignorância. Ria com vontade, porque não me importo de ser ridicularizado. Além disso, rir é um dos melhores tônicos mentais do mundo.

Agora, se você terminou seu exercício de rolar de rir, acomode-se e leia atentamente por alguns minutos, e farei o possível para rir um pouco com você – só que eu vou rir por último!

Peguei toda a lista de perguntas do Sr. Edison, conforme foi publicada na imprensa, fui até a biblioteca pública e, em exatamente meia hora, respondi corretamente a 95% das perguntas. Então, com dois telefonemas, um para o departamento de química de uma universidade local e outro para um de nossos jornais diários, obtive as informações necessárias para responder aos outros 5%, todo o desempenho consumindo menos de 45 minutos.

Acredito que muitas pessoas que tentaram responder a essas perguntas e falharam, assim como eu, ao confiar na memória, não entenderam o significado real por trás das perguntas e, provavelmente, não aprenderam a lição prática que o questionário ensinava, ou seja, que a educação não consiste em fatos armazenados na própria mente, mas em saber onde e como obter e aplicar os fatos rapidamente quando necessário.

Noventa e cinco por cento das perguntas da lista do Sr. Edison exigiam informações que não têm, de forma alguma, relação com o meu trabalho; consequentemente, eu não tinha nenhuma razão real para carregar em minha mente os fatos necessários para respondê-las.

Logo aprendi, depois de entrar na faculdade de direito, que nenhum homem poderia, nem se esperava que pudesse, memorizar todas as leis. Descobri que o propósito do ensino era mostrar a um homem como obter o ponto específico do direito que ele desejava e, quando fosse preciso, como ser capaz de aplicar o princípio correto ao procedimento legal em questão.

Agora, essa mesma regra se aplica a todas as esferas da vida. A educação formal consiste na capacidade de obter tudo o que alguém precisa para realizar com sucesso o trabalho escolhido em sua vida, e qualquer conhecimento além disso é excesso de bagagem, material morto, que pode muito bem ser deixado nas enciclopédias, bibliotecas públicas e arquivos das instituições de ensino.

A verdadeira educação consiste na autoanálise, para que você possa descobrir que tipo de temperamento tem, que trabalho está mais apto a realizar e a capacidade de reunir as ferramentas adequadas para realizá-lo.

Diplomas universitários, por si sós, não provam que aqueles que os possuem são instruídos. A falta de um diploma universitário também não é prova de ignorância ou falta de instrução.

Recentemente, um graduado da faculdade se candidatou a um emprego em um dos grandes jornais metropolitanos. Com o propósito de averiguar o seu nível em conhecimentos gerais, ele foi questionado sobre o que sabia a respeito de Sócrates, ao que ele respondeu "Nada", e depois acrescentou rapidamente: "Mas eu sei onde descobrir". Disseram-lhe, então, para ir e descobrir, e relatar no dia seguinte, preparado para contar tudo o que sabia sobre a vida de Sócrates.

Ele foi à biblioteca pública e trabalhou a tarde toda e noite adentro, reunindo dados sobre o assunto em questão. No dia seguinte, voltou à redação do jornal, na hora marcada, com um dos melhores esboços biográficos da vida de Sócrates que o editor já vira.

O homem conseguiu o emprego, embora não soubesse nada sobre o negócio jornalístico, e hoje, acredite, esse homem é um dos jornalistas mais bem-pagos da América e um dos homens mais bem-sucedidos no ramo.

Ele não carregava nenhuma informação ou fato em sua cabeça a respeito de Sócrates, mas sabia onde obter esses fatos quando necessário!

Casualmente, enquanto estou neste assunto, deixe-me mencionar três das melhores fontes das quais os fatos podem ser assegurados a respeito de praticamente tudo o que a humanidade sabe ou já conheceu, tanto quanto seu registro.

Uma é a biblioteca pública, a outra é qualquer universidade, e a próxima é qualquer redação de um jornal metropolitano diário. No escritório de um periódico, como um dos jornais de Hearst, você pode obter dados precisos sobre praticamente qualquer assunto. Por exemplo, alguns dias atrás eu queria o endereço e o paradeiro exato do ex-presidente William Howard Taft. O *Chicago Examiner* forneceu as informações em menos de cinco minutos e, além disso, eles me prestaram esse serviço com cortesia e boa vontade, como se fosse um verdadeiro prazer.

A maioria dos grandes jornais diários tem em arquivo as fotos da maior parte dos principais homens de negócios do mundo, que podem ser vistas ou mesmo emprestadas por pessoas responsáveis, como parte do serviço que os grandes jornais estão prestando ao público.

É surpreendente a variedade de fatos precisos que se pode obter, mediante solicitação, do professor de uma universidade. Se você deseja informações sobre química, botânica, biologia, eletricidade ou qualquer outro assunto, geralmente pode obter tudo, ou pelo menos parte do que deseja, simplesmente visitando o professor de um desses departamentos da universidade local.

O homem que tem sucesso na vida é aquele que consegue o que precisa quando precisa, e, se não consegue, não é um sucesso, não importa o quão proficiente seja em explicar o motivo pelo qual não conseguiu.

Se eu estivesse testando candidatos para um cargo (com todas as desculpas devidas ao meu bom amigo Edison), não faria nenhuma pergunta sobre o que eles sabem. Estaria mais interessado em descobrir o que eles poderiam fazer com o que já têm e se saberiam onde obter informações quando necessário.

Abraham Lincoln não era um homem instruído, no que diz respeito à escolaridade, mas era um poderoso adepto de fazer as coisas quando necessário e da maneira necessária. Ele não sabia nada sobre geometria ou química, mas sabia bastante sobre o coração humano e os caminhos da humanidade. Ele sabia como fazer os homens cooperarem com ele, mesmo que não gostassem e discordassem dele. Lincoln era um homem com educação.

Não muito tempo atrás, um professor universitário me fez esta pergunta:

"Qual seria a primeira coisa que você faria se fosse eleito presidente dos Estados Unidos?".

"A primeira coisa que eu faria", respondi, "seria cercar-me de um gabinete com os executivos mais bem-sucedidos que pudesse encontrar, os quais soubessem onde descobrir rapidamente o que ainda lhes fosse desconhecido."

Uma análise cuidadosa do *modus operandi* daqueles que alcançaram um grau extraordinário de sucesso nos negócios, nas finanças ou na indústria revelará que todos tiveram sucesso não como resultado do que acumularam na mente, nem como resultado de seus próprios esforços, mas porque sabiam como selecionar homens capazes de fazer as coisas. Tiveram sucesso porque reconheceram que nenhum homem tem uma mente dominante completa, mas que tal mente pode ser construída sob "encomenda", reunida, por assim dizer, por meio do tipo certo de combinação de mentes de outros homens.

O Sr. Edison provavelmente não contrataria nenhum candidato a um emprego, ainda que pudesse realmente responder a todas as perguntas de sua lista, a menos que esse homem mostrasse claramente que tinha a capacidade de obter as informações necessárias para responder a qualquer pergunta que não pudesse estar na lista, e também a capacidade de pegar qualquer combinação de fatos e trabalhá-los em um plano prático. Deter fatos e informações não significa que quem os detém saiba o que fazer com eles.

Em meu trabalho de pesquisa, alguns anos atrás, conheci um graduado de Yale que começou a mendigar nas ruas. Ele contava com uma das coleções de fatos e informações mais notáveis que eu já tinha ouvido falar, mas era tão impotente quanto uma criança quando se tratava de aplicar esses fatos em um plano prático para ganhar a vida.

Se um homem se candidatasse a um emprego comigo, eu preferiria muito mais que ele pudesse me convencer de que tem certas qualidades não mencionadas na lista de perguntas do Sr. Edison.

Eu gostaria de saber se ele entendeu o valor da iniciativa e realmente a pratica; se ele acredita em si mesmo; se teve o bom senso de criar um clima de harmonia entre aqueles com quem já trabalhou; se desenvolveu o hábito de prestar um serviço melhor e mais amplo do que foi pago para prestar; se ele se absteve de caluniar aqueles de quem não gostava; e, por último, mas não menos importante, se ele sabe quando, onde e como obter todas as informações e materiais necessários para realizar o seu trabalho com eficiência.

Tal homem, em minha opinião, chegaria muito mais perto de ser um homem de educação real do que aquele que poderia simplesmente responder a toda a longa lista de perguntas mais ou menos abstratas e hipotéticas do Sr. Edison.

O questionário do Sr. Edison me lembra de um homem em Washington, D.C., que estava prestando concurso público para o cargo de carteiro. Uma das perguntas, obviamente colocada ali para testar os conhecimentos gerais do candidato, era esta:

"Quantos soldados os britânicos enviaram para cá para reprimir a rebelião de 1776?".

Depois de coçar a cabeça e pensar um momento (com ênfase na palavra *pensar*), o requerente respondeu: "Um maldito contingente que nunca mais voltou".

Ele passou no exame com louvor e conseguiu o emprego. A sua resposta mostrou que ele tinha um grande senso de humor e era rápido em agir de forma prática em caso de emergência.

Portanto, não perca o sono se você tentou responder à lista de perguntas do Sr. Edison e não se saiu melhor do que eu. Tente novamente, com a ajuda da biblioteca local, e terá uma pontuação melhor.

imaginação antes

do curso A Lei do

que não preciso

Você pode n

Existem duas maneiras pelas que

pelo que você está fazendo, usando

Napoleon Hill's
Magazine

APRIL, 1921

Announcing

A National Monthly Magazine about human beings, by human beings, for human beings, "With charity for all and malice toward none," edited on the *real* Golden Rule basis, taking up the work where it was discontinued in Hill's Golden Rule. No chain of gold is tied around our pen.

EDITORS' CREED

Your editors pledge themselves, without reservation, to the task of helping people see the necessity of placing principle above the dollar and humanity above the selfish individual whose only object in life is to get without giving

100,000 CIRCULATION

BY DECEMBER THIRTY FIRST 1921

25c a Copy

Capítulo VI

O SUCESSO PERMANENTE É CONSTRUÍDO NAS DIFICULDADES E DERROTAS TEMPORÁRIAS

Volto mais uma vez a um assunto que está muito próximo do meu coração. A revista que você tem em mãos é a melhor prova de que a adversidade é uma bênção disfarçada, porque seu nascimento se deve à adversidade e aos fracassos temporários.

Os melhores pensamentos que serão impressos nestas páginas são pensamentos que nasceram de luta e sofrimento.

Volte as páginas da história, retorne ao início de tudo o que sabemos sobre a civilização, e você descobrirá que os homens e mulheres cujos nomes permaneceram depois de sua morte foram aqueles cujos esforços nasceram de lutas, dificuldades e fracassos.

Os homens podem deixar para trás monumentos de mármore sem nenhuma luta, dificuldade e fracasso, mas aqueles que edificarem monumentos no coração de seus semelhantes, onde nem as forças desintegradoras dos elementos nem a mão degradante do homem podem destruí-los, devem pagar o preço em sacrifício e luta!

Dez anos atrás, um bebê nasceu em uma das famílias mais ricas da América. O mundo inteiro cobriu o pequenino com presentes de que ele não precisava e que não podia usar. Um rei tolo enviou, como oferenda à coleção inútil, um presépio de ouro que custou US$ 40 mil.

Eu estava cursando direito na cidade onde nasceu o bebê, portanto sei bastante sobre o ocorrido. Aquela abundante chuva de presentes me lembrou a passagem da Bíblia que diz assim: "Pois a quem tem, mais será dado, e terá em grande quantidade, mas a quem não tem, até o que tem lhe será tirado".

Nada mais fiel à natureza humana jamais foi dito do que isso. Semelhante atrai semelhante. Riqueza atrai riqueza, e pobreza atrai pobreza. Esse é o caminho da natureza humana.

Aos poucos, esse bebezinho cresceu o suficiente para ser levado para as ruas. Quando ele foi levado para fora, estava rodeado de criados e seguranças particulares cujo trabalho era garantir que nenhum infortúnio o alcançasse. Nunca em toda a vida desse bebê foi permitido que ficasse fora da influência protetora desses criados. Ele não podia sair sozinho. Era vigiado com tamanho cuidado que levaria alguém a crer que poderia ter sido feito de um barro superior.

Esse companheirinho não tinha preocupações. Ele não experimentou dificuldades. Nunca soube o que significava lutar por algo. Tudo o que ele sabia era que não havia nascido para trabalhar. Ele não precisava se vestir sozinho, pois tinha criados para esse fim. Não precisava usar os seus olhos, pois tinha os olhos dos criados para usar. Não precisava usar as mãos, pois tinha as mãos dos criados para usar. Na verdade, ele não precisava fazer nada.

Todo inverno, ele ia com o seu exército de criados brincar nas águas ondulantes do quente Golfo do México, onde não se incomodava com as frias nevascas do norte. Quando saía para nadar, estava cercado pelos mesmos criados, que o rodeavam e vigiavam para que nenhum mal lhe acontecesse.

Dois anos atrás, esse companheirinho, então um menino com dez anos, havia acabado de voltar para o norte, vindo de seu refúgio de inverno, na Flórida. Ele estava no jardim com seus criados quando percebeu os portões abertos e viu ali a tão almejada liberdade que toda criança normal está constantemente buscando. Embora a vigilância dos criados tenha diminuído por um momento apenas, ele viu sua chance e saiu correndo para o meio da rua. Foi atropelado e morto instantaneamente por um automóvel Ford.

No exato momento em que isso acontecia, havia nada menos que um milhão de garotos nas ruas movimentadas das grandes cidades, e nenhum deles poderia ter sido atropelado por um automóvel em um campo aberto de mais de quarenta mil metros quadrados, porque esses pequenos "desafortunados" aprenderam cedo a arte da autodefesa. Por causa da luta – luta nascida da necessidade –, eles aprenderam a sair do caminho dos automóveis.

De forma correta repetimos que da luta e da dificuldade vêm a resistência e o poder!

Criados e seguranças particulares podem cuidar de um bebê e possivelmente impedir que ele seja sequestrado; eles podem até evitar que ele seja atropelado, se cumprirem o seu dever adequadamente, mas a eterna lei da compensação cobra o seu preço quando o pequenino cresce até a maturidade e começa a ocupar o seu lugar entre os homens. Ele paga caro pela proteção inicial que o livrou do confronto na primeira vez em que é chamado a confiar inteiramente em seus próprios recursos, porque descobre que não tem "recursos" reais.

O ferreiro de braços fortes desenvolveu a sua força a partir da "resistência". Quanto maior a resistência, maior a sua força. Por empunhar um martelo pesado dia após dia, ele finalmente desenvolveu um braço poderoso que lhe serve sempre que a força física é necessária. Ele desenvolveu o seu braço forte exatamente da mesma maneira que toda força deve ser desenvolvida: vencendo a resistência.

Nós apontamos com orgulho para Lincoln como sendo realmente um dos grandes americanos do passado, mas quantos param para considerar que a sua força, tanto física quanto moral, surgiu de dificuldades e lutas! Sem dúvida, Nancy Hanks teria dado a Lincoln uma criação tão gloriosa quanto a do menino mencionado acima, se ela fosse financeiramente capaz, mas, se ela tivesse feito isso, não há dúvida de que Lincoln nunca teria subido às alturas que ele alcançou!

Grande parte da grandeza de Lincoln surgiu de suas primeiras lutas e dificuldades, porque delas cresceu a força, aquela força poderosa que o carregou por uma das crises mais difíceis deste país.

A desvantagem mais perigosa pela qual qualquer criança pode estar cercada é a do dinheiro, se for usado para aliviar a criança da luta.

Vinte e poucos anos atrás, eu era secretário de um homem rico cujos dois filhos estavam na faculdade. Fazia parte do meu dever preencher um cheque de US$ 100 para cada um desses rapazes no primeiro dia do mês. Esse era o "dinheiro para gastar"; e eles o gastavam!

Lembro-me bem de como eu invejava aqueles rapazes, como invejava o momento tranquilo que essa remessa mensal proporcionava. Aos poucos, eles voltaram para casa com as suas "peles de ovelha" e outras coisas também, entre elas a capacidade de consumir grandes quantidades de uísque.

Um deles está agora sob o gramado, e o outro está em um manicômio, vítima de *delirium tremens*.

No ano passado, tive o privilégio de falar na faculdade onde um dos rapazes estudou. O diretor me disse que o cheque de US$ 100 que chegava mensalmente para aquele menino foi a influência que o enfraqueceu. Com aquele cheque, ele tinha dinheiro para ser um "bon vivant". Isso o levou ao hábito da bebida, e isso o levou à ruína!

Posso ver agora que o destino me concedeu um golpe de sorte quando colocou o grande impulso cósmico da necessidade lá atrás, na minha primeira infância, e me obrigou a lutar por uma educação e pela própria existência. Essa luta parecia difícil na época, mas agora sei que foi o processo de fortalecimento de que precisava para me preparar para o trabalho de um homem na vida.

Meus filhos estão chegando agora e, apesar da poderosa moral que extraí de minha própria experiência e de minha observação dos dois rapazes mencionados, vejo-me inclinado a "facilitar" para os meus meninos quando posso. Essa é uma tendência comum – um tipo de tendência humana, talvez – que não pode levar a lugar algum senão à angústia e ao pesar quando a criança é chamada a usar a reserva de força que não possui, porque ela nunca encontrou a resistência necessária.

Pode parecer uma afirmação banal, mas não deixa de ser verdade por conta disso, dizer que o único bem permanente que pode advir de uma criança vem do que ela faz por si mesma. O maior serviço que pode ser prestado a qualquer pessoa no mundo é o que faz com que essa pessoa confie em si mesma.

Quando você joga uma moeda para um mendigo, pode beneficiá-lo temporariamente, mas a longo prazo você lhe causou um dano decisivo, porque tirou dele a necessidade de lutar.

Conheci um homem em Lawton, Oklahoma, em minha recente viagem pelo país, que me deu muito o que pensar. Eu havia andado com ele a tarde toda em um automóvel antes de saber que ele era totalmente cego. Os óculos escuros cobriam seus olhos, e nenhum sinal de sua condição era visto em seu rosto ou detectado em sua voz. Ele seguia rindo e levando uma das conversas mais interessantes que já ouvi, e me divertiu tão esplendidamente que não percebi sua cegueira.

Mais tarde, eu soube das primeiras lutas desse homem. Ele havia perdido a visão aos quatro anos de idade. Vários anos atrás, ele foi à Northwestern University, na cidade de Chicago, para se matricular como estudante. Os funcionários se recusaram a aceitá-lo, instando-o a não seguir um caminho rígido, tal como testou ao máximo a força de rapazes e moças fisicamente aptos.

Mas esse jovem sujeito não conhecia derrota! Ele era persistente. Finalmente, os funcionários da universidade perguntaram quanto dinheiro ele tinha para pagar pelo curso, e ele respondeu: "Trinta e cinco dólares".

Eles lhe disseram que ele só desperdiçaria o seu tempo ao começar na universidade com sua desvantagem física e sem fundos suficientes, e o aconselharam a não tentar. Ele saiu e andou pelo quarteirão uma ou duas vezes, e depois voltou e disse: "Olhe aqui. Deixe-me entrar no primeiro semestre e, se eu não acompanhar as minhas aulas e pagar pelo meu curso, vocês podem me expulsar". Eles consentiram, em grande parte, eu suspeito, porque não tinham o coração para recusar.

Esse jovem não apenas completou o primeiro semestre com honras, à frente de sua classe, como também terminou o curso inteiro – liderando o tempo todo.

Mas isso não é tudo. Ele pagou o seu curso fazendo anotações nas salas de palestras, transcrevendo-as na máquina de escrever e vendendo cópias para os seus colegas – aqueles que tinham dois olhos perfeitos e dinheiro suficiente no banco!

Raramente uma pessoa tem a oportunidade de testar os limites de sua capacidade. Podemos realizar praticamente o que quer que decidamos realizar. Se não formos forçados a testar a nossa força por meio de uma necessidade terrível, por meio da luta, por meio de dificuldades, raramente descobriremos as nossas possibilidades. Coloque isto como uma regra geral e sólida: que a força real vem da luta, das dificuldades, adversidades e desvantagens impostas a nós por causas além do nosso controle imediato. Se pudéssemos "controlar" essas causas, elas não existiriam, porque as eliminaríamos, privando-nos da experiência mais benéfica que pode chegar a um ser humano.

Vinte e tantos anos atrás, eu me vi forçado a trabalhar como operário nas minas de carvão. Nada menos que a necessidade teria me induzido a realizar esse trabalho, mas, por esse mesmo trabalho, veio a experiência que desempenhei e agora estou desempenhando; não é uma pequena parte do melhor serviço que prestei e continuarei a prestar aos meus semelhantes. Estamos no meio de uma grande crise industrial, não apenas na América, mas também em todo o mundo, e grande parte do nosso esforço é direcionado para a eliminação da "causa" que originou essa crise. Esse esforço não ocorreu sem resultados visíveis, algo que não seria possível, exceto pelo "serviço forçado" prestado nas minas de carvão anos atrás. Isso me aproximou dos indivíduos que trabalham nessas minas e me deu uma chance esplêndida de estudar as condições sob as quais eles trabalham, suas queixas, suas falhas e suas virtudes.

Agora, quando presumo escrever para ou sobre aqueles que executam o tipo de trabalho mais humilde, escrevo não como aquele cujas mãos nunca foram cobertas com a sujeira e a poeira da labuta honesta, mas como alguém que trabalhou no ombro a ombro com esses homens cujas vozes estão agora clamando por justiça e tratamento justo.

E quando envio de volta a mensagem aos trabalhadores de cujas fileiras eu vim, pedindo que eles "realizem um trabalho maior e melhor do que realmente estão sendo pagos para realizar", sei que não os estou desviando ou aconselhando de modo imprudente, porque foi essa prática, mais do que qualquer outra, que me livrou de um ambiente indesejável e não lucrativo e me ajudou a entrar no trabalho que eu amo. A razão pela qual essa é uma prática segura é óbvia. Ela desenvolve uma habilidade maior e cada vez melhor, até que, finalmente, um homem simplesmente explode em seu ambiente apertado, atraindo a atenção dos outros em uma caminhada mais desejável da vida. Pelo esforço e pela resistência vem a força! Quanto maior o esforço, maior a força de compensação, e o homem que, de modo tolo, retém o melhor serviço que ele é capaz de prestar porque pode não estar recebendo o que vale, está apenas prolongando o tempo do fracasso.

Eu não conheço nenhuma outra qualidade única que tenha me pago dividendos maiores e me levado ainda mais em direção ao meu objetivo final na vida do que o hábito de executar um serviço melhor e mais amplo do que eu estava realmente sendo pago para prestar!

Mas vamos destacar a palavra *hábito*.

Essa prática deve se tornar um hábito, e o reconhecimento deve ser obtido antes que os resultados reais comecem a aparecer. Prestar um serviço melhor e mais amplo do que está sendo pago para prestar por apenas um dia e abster-se de fazê-lo nos outros cinco dias úteis da semana seria algo como treinar uma hora por semana para uma luta de boxe profissional e descansar o restante do tempo.

Pela resistência vem a força!

Um homem pode ter "nascido na esteira fatigante do trabalho", mas, se ele entende isso por labuta, por resistência, por esforço, por adversidade, não vai permanecer por muito tempo vítima dessa desvantagem. Em vez disso, logo romperá os cordões das circunstâncias e do ambiente que o cercam, por mais fortes que pareçam, e se erguerá para reivindicar o que é dele – que nasceu da luta e das dificuldades.

UM BRINDE AO HOMEM QUE FRACASSA!

Quando os meus dedos começam a tocar no teclado da minha máquina de escrever, olho e vejo diante de mim um grande exército de homens cuja face mostra as linhas de cuidado e desespero.

Alguns estão em trapos, tendo chegado à última etapa daquela longa, longa trilha que todos os homens lutam para evitar: o fracasso!

Outros estão em melhores circunstâncias, mas o medo da fome mostra-se claramente em sua fronte, o sorriso de coragem saiu de seus lábios e eles também parecem ter desistido da luta.

A cena muda. Olho novamente e sou levado para trás nos eventos do passado da história, e lá também vejo os fracassos do passado – fracassos que significaram mais para a raça humana do que todos os sucessos registrados na história do mundo.

Vejo o rosto despretensioso de Sócrates enquanto ele estava no final dessa trilha que os homens chamam de fracasso, esperando, com os olhos virados, através daqueles momentos que devem ter parecido uma eternidade, pouco antes de beber a venenosa cicuta.

Vejo Cristóvão Colombo em pé em uma masmorra espanhola, um prisioneiro em correntes, o tributo pago por seu sacrifício quando ele partiu em um oceano desconhecido para descobrir um mundo desconhecido, sabendo que suas chances eram muito a favor de nunca voltar à sua terra natal.

Vejo o rosto de Thomas Paine, o homem que os ingleses procuraram capturar e matar como o verdadeiro instigador da Revolução Americana. Eu o vejo deitado em uma prisão imunda na França, esperando calmamente, à sombra da guilhotina, um alívio da morte, e escrevendo – como ele esperava – muitas páginas dedicadas ao avanço da liberdade humana.

E vejo também o rosto do homem da Galileia, que sofre na cruz no Calvário, a recompensa por seus esforços para despertar o interesse dos homens em serem decentes uns com os outros aqui na Terra.

Fracassos!

Oh, para serem um fracasso. Ah, sucumbir na história, como esses homens, corajosos o suficiente para colocar a humanidade acima do indivíduo e princípios acima do ganho pecuniário. Em tais fracassos, repousam as esperanças do mundo.

O TESTE DE UM HOMEM!

A medida de um homem de verdade está em sua capacidade de ver, com olhos claros, toda a beleza e o bem, e toda a injustiça e o erro que existem no mundo, e ainda manter um senso uniforme de proporção em todas as coisas, em relação a todas as pessoas.

Eu me curvo ao homem que pode ver as imperfeições da humanidade sem se tornar cínico; que pode moderar a justiça com a misericórdia; que pode ver o bem que há em homens que discordam dele; que pode trabalhar em harmonia com aqueles que ele não admira; que exerce autocontrole e deixa a razão em vez da emoção governar suas ações em relação às outras pessoas.

Esse homem era o imortal Lincoln!

Ele era um homem com uma mensagem quando tinha provocação suficiente para se tornar um homem com um descontentamento. Como recompensa por sua grandeza, o mundo ergueu um monumento eterno ao nome de Lincoln. Um monumento que os elementos da natureza nunca podem desintegrar, que nenhuma depredação pode destruir; um monumento construído no coração do povo – feito não de pedra, mas de amor, simpatia, paciência, tolerância e clemência pela humanidade, essas qualidades gentis que a memória atribui ao seu nome e que agora são o verdadeiro teste de um homem!

OS EFEITOS PREJUDICIAIS DO SUBTERFÚGIO E DO ENGANO

Nada realmente parece tão ruim até que alguém tenta encobri-lo por meio do subterfúgio e do engano.

Podemos não concordar com o homem que ousadamente admite as suas deficiências, mas não podemos tirar dele certo respeito saudável por causa de sua ousadia.

Por outro lado, no momento em que uma pessoa recorre ao silêncio ou ao subterfúgio, mesmo em conexão com questões de pequena importância, ela se torna imediatamente marcada como indigna de confiança.

Se houver um esqueleto no armário que esteja apto a se arrastar para atormentar alguém no momento mais inoportuno, um poderoso plano é arrastá-lo voluntariamente e dizer: "Aí está. O que você vai fazer sobre isso?".

As pessoas perdoarão qualquer coisa muito mais facilmente a menos que haja uma tentativa de encobri-la e vesti-la em segredo. Nesse caso, o perdão vem com relutância, se é que virá.

Muitas amizades sólidas foram feitas por franqueza aberta em conexão com assuntos que, dentro de si, eram de pequena importância, enquanto, por outro lado, inimigos ao longo da vida foram feitos pela falta dessa franqueza.

Se uma pessoa é dissimulada e recorre ao engano e ao subterfúgio em pequenos assuntos, a suposição é que, em questões de maior importância, as mesmas táticas prevalecerão.

PRESTAR UM SERVIÇO MELHOR E MAIS AMPLO DO QUE VOCÊ ESTÁ SENDO PAGO PARA PRESTAR

Essa orientação simples vem de um homem que começou por baixo, no tipo mais humilde de mão de obra.

Constitui a ideia central de quase todos os discursos que este homem oferece; isso permeia quase tudo o que ele escreve; isso se arrasta em sua conversa cotidiana.

Existem muitas razões pelas quais essa ideia é uma sólida conselheira, mas apenas uma precisa ser mencionada, ou seja, toda pessoa que desenvolve o hábito de prestar esse tipo de serviço logo atrai a atenção de empregadores disputando seus préstimos. A pessoa se destaca acima da multidão como um arranha-céu acima dos edifícios comuns, e há uma grande concorrência por seu trabalho.

Preste o melhor serviço que você sabe prestar, independentemente da quantia que recebe por ele, e em breve – muito mais cedo do que imagina – você se tornará uma pessoa "marcada", e maiores responsabilidades e salários mais altos estarão caindo sobre você.

Entregue os melhores serviços que você pode, não necessariamente em consideração pelo contratante, mas em consideração por si mesmo! Não praticar esse hábito é o principal obstáculo que está entre 95% das pessoas e o sucesso, mas é claro que isso não se aplica a você. Ou se aplica?

* * *

A falta de objetivo é um pecado e leva direto à pobreza, à miséria, à cobiça e ao fracasso. Um homem sem um propósito definido e construtivo na vida é simplesmente um erro na natureza, porque ela não pretendia criar esse ser, com toda a probabilidade.

da

surpreen

imaginação antes

ponto do curso A Lei do

que não precisam

Você pode

dade.

Existem duas maneiras pelas qu

pelo que você está fazendo, usand

Napoleon Hill's Magazine

APRIL, 1921

Announcing

A National Monthly Magazine about human beings, by human beings, for human beings, "With charity for all and malice toward none," edited on the *real* Golden Rule basis, taking up the work where it was discontinued in Hill's Golden Rule. No chain of gold is tied around our pen.

EDITORS' CREED

Your editors pledge themselves, without reservation, to the task of helping people see the necessity of placing principle above the dollar and humanity above the selfish individual whose only object in life is to get without giving

100,000 CIRCULATION

BY DECEMBER THIRTY FIRST 1921

25c a Copy

Capítulo VII

A ESCADA MÁGICA PARA O SUCESSO

A "Escada Mágica para o Sucesso" foi levada a praticamente todas as cidades dos Estados Unidos, em uma palestra pessoal, diante de centenas de milhares de pessoas. Há um "algo" indescritível sobre isso que atrai, mantém e inspira todos que a ouvem. Isso ajudou milhares de pessoas a encontrarem seu primeiro passo em direção à conquista. Ela agrada tanto aos ricos quanto aos pobres, aos instruídos e aos analfabetos, e tem o efeito de reunir as pessoas em um espírito de entendimento mais minucioso.

O objetivo dessa escada é mostrar o que é o potencial humano e como ele é desenvolvido naqueles que não o têm. O potencial humano vem apenas por meio do conhecimento organizado direcionado de forma inteligente. Fatos em si não representam o potencial. O conhecimento – sem organização e sem controle e direção inteligentes – não representa o potencial.

Existe muito conhecimento cuidadosamente classificado e armazenado em uma enciclopédia bem-editada, mas não representa poder até que seja transformado em um esforço organizado e inteligentemente direcionado.

Não há poder em diplomas universitários, nem na instrução que esses graus representam, até que sejam classificados, organizados e colocados em prática.

O poder humano é organizado e direcionado de forma inteligente, representado por fatos, inteligência e pelas faculdades com as quais a mente humana opera.

Em peso, resistência à tensão e tamanho, há uma forte cadeia de registros em um saco cheio de elos desconectados, mas esses elos representam apenas uma cadeia potencial até serem organizados e conectados em conjunto. Então isso são as faculdades, a consciência do homem. Elas devem ser organizadas antes de representar o poder.

Existem dois tipos de potencial humano. Um é representado pela organização das faculdades individuais, o que oferece maior poder ao indivíduo, e o outro é representado pela organização de indivíduos e grupos de indivíduos.

Sabe-se que um grupo pequeno de soldados bem-organizados é destacado para derrubar dez vezes o seu número de homens desorganizados e indisciplinados, e a história está cheia de biografias de homens que alcançaram fama e fortuna pelo processo de organização e direcionamento inteligente de suas faculdades individuais, enquanto milhões ao seu redor, com oportunidades iguais, permaneceram medíocres ou cederam ao absoluto fracasso.

Existe uma energia considerável em uma pequena bateria elétrica comum, mas não o suficiente para causar danos corporais se formar um curto-circuito com o dedo e absorver toda a carga. Milhares dessas baterias são igualmente inofensivas – a menos que sejam organizadas e conectadas juntamente com os fios. Por intermédio desse processo de organização, se mil baterias forem conectadas a um fio, a energia produzida é suficiente para fazer funcionar uma quantidade considerável de máquinas. Esse grupo de baterias pode ser comparado aos indivíduos: esse maior aumento de poder vem por meio do esforço organizado de um grande grupo de homens, em comparação com os esforços dos mesmos homens agindo individualmente.

O objetivo dessa escada, principalmente, é direcionar a atenção para o *modus operandi* por meio do qual o poder individual é desenvolvido e aplicado aos problemas econômicos da vida.

Se você organizar as suas próprias faculdades após o padrão estabelecido nessa escada, desenvolvendo adequadamente as qualidades representadas pelos dezesseis degraus, encontrará o seu poder enormemente aumentado. Você se encontrará em posse de um poder que não sabia que tinha e, por meio do direcionamento inteligente desse poder, poderá alcançar praticamente qualquer posição a que aspirar na vida.

Os dezesseis degraus dessa escada representam a experiência mais seleta e mais ilustrativa dos meus 22 anos de vida empresarial:

Degrau número 1: Objetivo principal definido na vida
Degrau número 2: Autoconfiança
Degrau número 3: Iniciativa
Degrau número 4: Imaginação
Degrau número 5: Ação
Degrau número 6: Entusiasmo
Degrau número 7: Autocontrole
Degrau número 8: O hábito de prestar um serviço melhor e mais amplo do que você está sendo pago para prestar
Degrau número 9: Uma personalidade agradável
Degrau número 10: Pensamento preciso
Degrau número 11: Concentração
Degrau número 12: Persistência

Degrau número 13: Fracassos
Degrau número 14: Tolerância e compaixão
Degrau número 15: Trabalho
Degrau número 16: A Regra de Ouro

Vou levá-lo para trás das cortinas da minha própria vida pessoal para que você possa aprender essas grandes lições, conforme retratado no esboço da escada, com a esperança de que o caminho que você terá que percorrer para alcançar o objetivo pelo qual está se esforçando na vida possa ser um pouco encurtado, e os obstáculos, que certamente o aguardam, um pouco minimizados.

O sucesso não deve ser uma mera questão de sorte, como é verdade na maioria dos casos, porque o caminho pelo qual o sucesso é alcançado agora é bem conhecido, e cada centímetro dele foi mapeado com cuidado e precisão.

A Escada Mágica para o Sucesso o levará aonde você quiser ir, se souber dominá-la e organizar as suas faculdades de acordo com seu plano – uma declaração que faço depois de ter não apenas organizado minhas próprias faculdades e direcionado com sucesso para um determinado fim, mas também ajudado outras pessoas a fazerem o mesmo em muitos milhares de casos.

Essa Escada Mágica para o Sucesso representa 22 anos de verdadeira experiência e observação, dos quais pelo menos doze foram direcionados à intensa análise e estudo do caráter e da conduta humana.

Nos últimos doze anos, analisei mais de doze mil homens e mulheres. Essas análises demonstraram alguns fatos surpreendentes, sendo um deles que 95% da população adulta pertence à classe que poderia ser chamada de desorganizada (tanto em relação às faculdades individuais quanto ao grupo ou esforço coletivo) ou seguidora, enquanto os outros 5% podem ser chamados de líderes. Outro fato surpreendente descoberto a partir da organização e classificação das tendências e hábitos dos seres humanos, conforme demonstrado por essas análises, foi que a principal razão pela qual a esmagadora porcentagem de pessoas pertencia à classe seguidora era a falta de um propósito definido na vida e um plano definido para realizar esse propósito.

Com a análise anterior da Escada Mágica para o Sucesso, você já viu que a escada trata inteiramente do assunto de aquisição de potencial humano por meio da organização, coordenação e classificação das faculdades humanas.

Tenha em mente que essa escada não pretende ser uma panaceia para todos os males que cercam o caminho da raça humana, nem pretende ser uma "nova" fórmula para o sucesso. O objetivo da escada é ajudá-lo a organizar o que você já tem e direcionar os seus esforços no futuro com mais força e precisão do que no passado. O seu propósito, expresso de outra forma, é ajudá-lo a educar-se – o que significa, pela palavra *educar*, desenvolver, organizar e dirigir inteligentemente as suas faculdades naturais chamadas de mente.

O poder vem por meio da educação, da instrução real! Nenhuma pessoa é educada se não aprendeu a organizar, classificar e direcionar inteligentemente as faculdades de sua mente para um fim definido. Nenhuma pessoa é educada se não aprendeu a separar os fatos da mera informação, tecendo os fatos em um plano organizado de ação, com um objetivo definido em vista.

A mera escolarização não é evidência de educação. Diplomas universitários, por si sós, não são evidência de que aqueles que os possuem são instruídos.

A palavra "educar" vem, se bem me lembro, da palavra latina *educo*, que significa desenvolver a partir de dentro, extrair, expandir por meio do uso. Isso não significa encher o cérebro de conhecimento, como a maioria dos dicionários diz.

Detenho-me longamente nesta palavra *educar* e na palavra *organização* porque ambas são o próprio fundamento, a própria urdidura e trama da Escada Mágica para o Sucesso.

A educação é algo que você deve adquirir. Ninguém pode dá-la a você; você deve obtê-la por si mesmo. Você tem que trabalhar para consegui-la e tem que trabalhar para mantê-la. A educação não vem do saber, mas do fazer. A Enciclopédia Britânica está cheia de fatos, mas os livros, em si, não têm poder. Não são educados, instruídos, porque não conseguem colocar em ação os fatos que foram classificados e arquivados em suas páginas. O mesmo acontece com o autômato humano que apenas acumula conhecimento e não faz uso organizado dele.

Há uma energia considerável em uma tonelada de carvão, mas o carvão deve primeiro ser retirado do solo e colocado em ação, por meio da combustão, antes que a energia possa ser utilizada. O que está apenas latente no cérebro humano não representa mais energia ou poder do que o carvão sob a terra até que seja organizado e colocado em ação para algum fim definido.

A razão pela qual uma pessoa pode adquirir educação por meio da cooperação de escolas e professores mais facilmente do que sem eles é o fato de que as escolas ajudam a organizar o conhecimento.

Se pareço enfatizar indevidamente essa questão de organização, deixe-me lembrá-lo de que a falta dessa capacidade de organizar, classificar e direcionar inteligentemente as faculdades da mente constitui as rochas e os recifes nos quais a grande maioria dos "fracassos" ocorre, levando à ruína.

Se por meio da repetição e abordando essa questão de vários ângulos, como pretendi fazer, pude enfatizar a importância de organizar adequadamente as suas faculdades e direcioná-las para um fim definido, terei feito por você tudo o que qualquer escola do mundo pretende fazer por seus alunos.

Com o que precede como um prelúdio, agora estamos prontos para subir o primeiro degrau da Escada Mágica para o Sucesso.

DEGRAU NÚMERO 1: **Objetivo principal definido na vida**

Ninguém pensaria em juntar uma quantidade de areia, madeira, tijolos e materiais de construção com o objetivo de construir uma casa sem primeiro criar um plano definido para ela, mas a minha experiência em analisar mais de doze mil pessoas provou conclusivamente que 95% delas não têm esse plano para construir uma carreira, que é mil vezes mais importante do que construir uma casa.

Não negligencie o significado da palavra *definido*, porque é a palavra mais importante na frase "um objetivo principal definido na vida". Sem essa palavra, a frase representa o que todos temos, que nada mais é do que um vago objetivo de sucesso. Como, quando ou onde não sabemos, ou pelo menos aqueles de nós que pertencem à classe dos 95% não sabem. Assemelhamo-nos a um navio sem leme, debatendo-se no oceano, navegando em círculos e gastando uma energia que nunca nos leva à costa, porque não visamos um objetivo definido e seguimos em frente até alcançá-lo.

Você está começando agora a adquirir potencial humano por meio da organização, classificação e direção inteligente do conhecimento, mas o seu primeiro passo deve ser a escolha de um objetivo definido, ou então você também pode não ter poder, pois não será capaz de guiá-lo para um objetivo que vale a pena.

É necessário ter não apenas um objetivo definido na vida, mas também um plano definido para alcançá-lo. Portanto, coloque no papel uma declaração por escrito de seu objetivo definido e também uma declaração por escrito, com o máximo de detalhes possível, de seu plano para atingir esse objetivo.

Há uma razão psicológica ao insistir para que você detalhe o seu objetivo definido e o seu plano para alcançá-lo por escrito, uma razão que você entenderá completamente depois de dominar o assunto da autossugestão. Esse motivo é explicado novamente em outro artigo que aparecerá nestas páginas sobre o tema do desenvolvimento da autoconfiança.

Tenha em mente que tanto o seu objetivo definido quanto o seu plano para alcançá-lo podem ser modificados de tempos em tempos. Na verdade, você será uma pessoa incomum se tiver a visão e a imaginação para ver um objetivo definido agora que seja grande o suficiente em seu escopo para satisfazer a sua ambição um pouco mais adiante. O importante para você agora é aprender o significado de trabalhar sempre com um objetivo definido em vista e sempre com um plano definido. Esse princípio é aquele em que você deve fazer parte do processo de organização de suas faculdades e deve ser aplicado em tudo o que fizer, formando, assim, o hábito do esforço sistemático e organizado.

Um ano depois de ter escrito a primeira declaração de seu objetivo definido na vida, você ficará surpreso, mais do que provavelmente, com o pequeno escopo que abrange, pois terá desenvolvido uma visão maior e estará muito mais autoconfiante.

Você será capaz de realizar mais por causa de sua crença de que pode fazê-lo e por causa de sua coragem em definir uma tarefa maior para si mesmo, conforme indicado por seu objetivo definido.

Esse processo de educação – de extrair, expandir a partir de dentro, desenvolver sua mente – permitirá que você pense em termos mais amplos sem ficar amedrontado. Isso o capacitará a olhar para o seu objetivo definido na vida com olhos de análise e síntese, e vê-lo não apenas em sua totalidade, mas em suas partes componentes, e todas parecerão pequenas e insignificantes para você.

Engenheiros são capazes de mover montanhas de um lugar para outro sem qualquer dificuldade, não tentando mover a montanha inteira cavando de uma só vez, você entende, mas aos poucos e de acordo com um plano definido.

O tempo e o dinheiro necessários para construir o Canal do Panamá foram estimados corretamente com anos de antecedência, na verdade antes mesmo de uma única pá de terra ser removida, porque os engenheiros que o construíram aprenderam a trabalhar com planos definidos.

O Canal do Panamá foi um sucesso!

Foi um sucesso porque os homens que o planejaram e o construíram seguiram o princípio que eu estabeleci, para sua orientação, como o primeiro degrau desta escada. Portanto, você pode ver prontamente que não há nada de novo nesse princípio. Não precisa de experimentos para provar a sua precisão, porque os homens bem-sucedidos do passado já provaram isso.

Decida agora o que você deseja fazer na vida, então formule os seus planos e comece a realizá-los. Se você tiver problemas para decidir qual deve ser o trabalho de sua vida, pode contratar os serviços de analistas competentes (não são muitos, mas há alguns) que podem ajudá-lo a selecionar um trabalho que esteja em harmonia com as suas inclinações naturais, o seu temperamento, força física, treinamento e habilidade natural.

Isso nos leva ao segundo degrau da escada.

DEGRAU NÚMERO 2:
Autoconfiança

Dificilmente valeria a pena criar um objetivo definido na vida ou um plano para alcançá-lo a menos que a pessoa tivesse a autoconfiança necessária para colocar o plano em ação e alcançar o objetivo.

Quase todo mundo tem certa dose do que normalmente se considera como autoconfiança, mas apenas um número relativamente pequeno de pessoas tem o tipo particular de autoconfiança à qual nos referimos como constituindo o segundo degrau da Escada Mágica para o Sucesso.

A autoconfiança é um estado de espírito que qualquer pessoa pode desenvolver em um curto período de tempo. O *modus operandi* pelo qual isso é feito será apresentado em detalhes em uma lição sobre autoconfiança que aparecerá mais adiante, mas agora deixaremos clara a necessidade dessa qualidade.

Vinte e poucos anos atrás, eu trabalhava como operário nas minas de carvão. Eu não tinha um objetivo definido e carecia da autoconfiança necessária para criar tal objetivo. Algo aconteceu em uma noite que marcou o ponto de virada mais importante da minha vida. Eu estava sentado diante de uma lareira, discutindo com um homem com quem eu convivia um problema similar ao que agora surgiu para atormentar o mundo inteiro: o espírito de inquietação e antagonismo entre empregador e empregado. Eu disse algo que impressionou esse homem, e ele fez algo que me proporcionou minha primeira lição sobre como desenvolver a autoconfiança. Ele estendeu a mão, pegou-me pelo ombro, olhou-me bem nos olhos e disse: "Ora, você é um menino brilhante e inteligente; se for estudar, deixará a sua marca no mundo!".

Não foi tanto o que ele disse, mas a maneira como disse – o brilho nos olhos, a firmeza com que agarrou o meu ombro enquanto falava

–, que me impressionou. Foi a primeira vez na minha vida que alguém me disse que eu era "brilhante" ou que poderia deixar a minha "marca" no mundo. Isso me deu o meu primeiro raio de esperança, o meu primeiro vislumbre fugaz de autoconfiança.

A semente da autoconfiança foi plantada em minha mente naquela ocasião e vem crescendo por todos esses anos. A primeira coisa que o plantio dessa semente fez foi me afastar das minas de carvão para encontrar um trabalho mais lucrativo. Isso me fez ficar sedento de conhecimento, tanto que estou me tornando um aluno mais eficiente a cada ano que passa; hoje consigo reunir, classificar e organizar fatos em menos de um décimo do tempo necessário apenas alguns anos atrás.

DEGRAU NÚMERO 3: **Iniciativa**

A iniciativa é aquela qualidade muito rara que impele uma pessoa a fazer o que deve ser feito sem que lhe seja ordenado. Todos os grandes líderes devem ter iniciativa. Um homem sem iniciativa nunca poderia se tornar um grande comandante, seja na guerra, seja nos negócios ou na indústria, porque o comando, para ser bem-sucedido, deve ser estabelecido em ação intensa.

As oportunidades de ouro estão à espreita em cada esquina, esperando que a pessoa com iniciativa apareça e as descubra. Quando uma pessoa executa apenas as tarefas que lhe foram atribuídas e depois para, ela não atrai nenhuma atenção especial. Mas quando toma a iniciativa, vai em frente e procura outras tarefas a serem executadas depois de cumpridas as suas funções regulares, ela atrai a atenção favorável dos seus superiores, que de bom grado lhe atribuem maiores responsabilidades, com remuneração correspondente.

Antes que uma pessoa possa subir muito alto em qualquer campo de atuação, ela deve se tornar alguém de visão que pode pensar em grandes termos, que pode criar planos definidos e então colocar esses planos em ação, tudo o que torna imperativo que a qualidade de iniciativa seja desenvolvida.

Uma das características significativas dessa escada mágica está na medida em que os seus degraus se misturam e se harmonizam uns com os outros, de modo que toda a escada constitua uma poderosa organização de conteúdo utilizável. Observe como o terceiro e o quarto degraus se complementam e observe também o poder que resulta da combinação adequada desses dois degraus nos assuntos práticos da vida.

DEGRAU NÚMERO 4: **Imaginação**

A imaginação é a oficina da mente humana na qual as velhas ideias são reconstruídas em novas combinações e novos planos. Quando Edison inventou a luz incandescente, ele apenas reuniu, primeiro em sua imaginação e depois em seu laboratório, dois princípios bem conhecidos e os conectou a um sistema central, por assim dizer, de uma nova maneira. Ele sabia, como quase todo eletricista amador sabe, que o atrito em uma linha elétrica causaria calor; que a linha poderia ser aquecida, no ponto de fricção, até um brilho branco e, assim, produzir luz. Mas o problema era que o fio iria queimar.

Finalmente, depois de procurar no mundo todo uma fibra ou filamento especial que pudesse ser aquecido até produzir um brilho branco sem se queimar, Edison pensou no antigo princípio do carvão vegetal, em que uma pilha de madeira é colocada no chão, incendiada, e depois coberta com terra, isolando o ar. A madeira arde lentamente, mas não pode queimar totalmente porque a maior parte do oxigênio foi cortada e, portanto, pode não haver combustão suficiente. No momento em que Edison pensou no princípio do carvão vegetal, ele foi para o seu laboratório, colocou o filamento dentro de um globo, retirou o ar e eis! Ele havia produzido a tão procurada luz incandescente.

Quando Cristóvão Colombo voltou os olhos para o oeste em busca de um "novo mundo", ele fez o uso mais lucrativo da iniciativa e da imaginação já registrado em toda a história. Da mistura dessas duas qualidades nasceu a América – a nossa América, da qual o mundo inteiro tem inveja e da qual nós temos orgulho.

Quando Gutenberg voltou a atenção para a invenção da prensa moderna, ele também fez uso proveitoso da iniciativa e da imaginação, porque deu asas ao pensamento – que traz os acontecimentos do mundo à nossa porta todos os dias ao custo de dois ou três centavos – e trouxe o mundo inteiro para uma relação mais próxima.

Quando os irmãos Wright voltaram a atenção para o avião, eles usaram de iniciativa e imaginação, e em poucos anos dominaram o ar e encurtaram em proporções enormes a distância entre dois pontos determinados.

Todas as grandes invenções devem a sua existência à mistura destas duas forças: iniciativa e imaginação. Os limites que uma pessoa de habilidade comum pode atingir por meio do uso da iniciativa e da imaginação, ninguém pode definir.

A falta dessas duas qualidades é a principal razão pela qual 95% dos adultos no mundo não têm um objetivo definido na vida, o que, por sua vez, é também a razão pela qual esses mesmos 95% constituem os seguidores de outras pessoas.

Os líderes são sempre homens e mulheres de iniciativa e imaginação.

DEGRAU NÚMERO 5:
Ação

O mundo paga por apenas uma coisa: o serviço prestado, ou ação! O conhecimento armazenado é inútil. Ele não beneficia ninguém até que tenha sido expresso em termos de ação. Ninguém paga pelas mercadorias nas prateleiras; elas devem ser puxadas para baixo e colocadas em serviço antes que o mundo pague por elas.

Você pode se formar em Yale, Harvard ou Princeton – na verdade, pode ter todos os fatos de todas as enciclopédias do mundo armazenados em sua cabeça –, mas, a menos que organize esse conhecimento e o expresse em ação, ele não vale nada nem para você nem para o mundo.

Alguns anos atrás, fui aos parques públicos de Chicago e entrevistei sete dos chamados "desempregados", pobres e sem recursos – aqueles sujeitos que ficam deitados, dormindo, com jornais cobrindo o rosto enquanto o trabalho é farto, e os salários, altos. Eu queria ter um vislumbre de seu "álibi" particular. Eu sabia que eles tinham o que acreditavam ser um "motivo" para estarem sem trabalho.

Com uns trocados e um bolso cheio de charutos, cheguei bem perto desses sujeitos, e o que você acha que eles me disseram, cada um deles?

Cada um disse substancialmente o seguinte: "Eu estou aqui porque o mundo não me daria uma chance!".

Pense nisto: "porque o mundo não me daria uma chance!".

O mundo alguma vez deu uma chance a alguém para além daquela que ele tenha criado com sua imaginação, autoconfiança, iniciativa e outras qualidades mencionadas nessa escada?

Não precisamos argumentar que, se não houver ação, toda a educação do mundo, todo o conhecimento que já veio das melhores faculdades e universidades do mundo e todas as boas intenções, mais todas as outras qualidades mencionadas nessa escada mágica, não terão qualquer valor.

Uma pessoa sem essa grande qualidade de ação se assemelha a uma grande locomotiva parada em um trilho lateral ou em uma casa de máquinas com carvão no depósito, água na caldeira, fogo na fornalha, vapor na cúpula da caldeira, mas nenhum maquinista para abrir o acelerador.

Esse grande mecanismo de força locomotiva é tão inútil quanto uma duna de areia até que alguém abra o acelerador e coloque a coisa em ação.

Dentro dessa sua cabeça está uma grande máquina, que disputa com todas as locomotivas e máquinas já construídas pelo homem, mas é tão inútil quanto a locomotiva que fica parada na beira dos trilhos sem o maquinista até que você a coloque em ação.

Quantos milhões de pessoas existem neste mundo que têm tudo o que é essencial para um grande sucesso, que têm tudo o que é necessário para prestar um grande serviço ao mundo, exceto uma qualidade – ação!

Com pouco uso de sua imaginação, você pode ver como a ação está intimamente relacionada a todas as outras qualidades cobertas pelos primeiros quatro degraus da escada. Você pode ver como a falta de ação anularia todas as outras qualidades. Quando uma pessoa entra em ação, essas qualidades negativas de procrastinação, medo, preocupação e dúvida estão estritamente na defensiva, e quase todo mundo sabe que uma luta melhor pode ser travada na ofensiva do que na defensiva.

A ação é uma das principais qualidades que todo líder deve ter e, por acaso, é a principal qualidade que distingue um líder daqueles que o seguem. Vale a pena pensar nisso; pode ajudar alguns de nós a avançarem da base de seguidores para a classe seleta e limitada de líderes.

DEGRAU NÚMERO 6:
Entusiasmo

O próximo degrau da escada é muito apropriadamente chamado de entusiasmo, porque o entusiasmo geralmente leva a pessoa à ação e, portanto, deve estar intimamente associada a ela na escada.

Se estivéssemos considerando os degraus desta escada na ordem de sua importância, provavelmente o entusiasmo precederia a ação, porque não é provável que haja muita ação em uma pessoa a menos que haja entusiasmo.

O entusiasmo geralmente se desenvolve automaticamente quando a pessoa encontra o trabalho para o qual é mais adequada; o trabalho de que mais gosta. Não é provável que você seja capaz de manter muito entusiasmo em um trabalho de que não gosta, portanto cabe a você procurar diligentemente até encontrar o trabalho no qual possa dedicar todo o seu coração e sua alma – o trabalho no qual você pode sincera e persistentemente "perder" a si mesmo.

DEGRAU NÚMERO 7:
Autocontrole

Por dezoito longos e perigosos anos, um arqui-inimigo se colocou entre mim e a realização de meu objetivo definido.

Esse inimigo era a falta de autocontrole.

Eu estava sempre procurando por controvérsia e discussão. Normalmente eu as encontrava. A maior parte do meu tempo era gasta mostrando a alguém que ele estava errado, enquanto eu deveria ter dedicado esse tempo valioso para mostrar a mim mesmo que eu estava errado.

Encontrar falhas nas pessoas é, sem dúvida, o negócio menos proveitoso em que alguém já se envolveu. Isso faz inimigos e desmoraliza o espírito de amizade. De forma alguma melhora ou ajuda alguém.

A falta de autocontrole leva à descoberta de falhas.

Nenhuma pessoa jamais se tornou um grande líder antes de aprender a liderar a si mesma, por meio do autocontrole. O autodomínio é o primeiro trampolim para a realização; tudo isso é apenas uma pregação e não dá a verdadeira razão pela qual o autocontrole é uma qualidade absolutamente necessária para todos os que alcançam o sucesso real.

Quando uma pessoa "perde a paciência", algo ocorre em seu cérebro que deve ser entendido de maneira mais geral. Uma pessoa irada realmente não "perde" a paciência – ela apenas se inflama e faz com que atraia para o cérebro aquelas substâncias químicas que, quando combinadas com a raiva, formam um veneno mortal.

Uma pessoa zangada lança veneno suficiente a cada expiração para matar um porquinho-da-índia!

Existem apenas três maneiras de se livrar do veneno fabricado pelo cérebro durante a raiva: pelos poros da pele; pelos pulmões, sendo o veneno exalado pela respiração na forma de gases; e pelo fígado, que separa os resíduos do sangue.

Quando essas três vias ficam sobrecarregadas, o excesso de veneno fabricado por uma pessoa raivosa é distribuído pelo sistema do corpo e o envenena, exatamente como seria feito se qualquer outra droga mortal e venenosa fosse injetada no sangue com o uso de uma seringa hipodérmica.

Raiva, ódio, cinismo, pessimismo e outros estados mentais negativos tendem a envenenar o sistema do corpo e devem ser evitados. Todos eles fazem parte desse negativo mortal chamado falta de autocontrole.

DEGRAU NÚMERO 8:

O hábito de prestar um serviço melhor e mais amplo do que você está sendo pago para prestar

Não acredito que alguém possa superar a mediocridade sem desenvolver o hábito de prestar um serviço melhor e mais amplo do que está sendo pago para prestar.

A pessoa que tem o hábito de fazer isso é geralmente considerada um líder, e, sem exceção, até onde temos conhecimento sobre o assunto, todas essas pessoas chegaram ao topo em sua profissão ou negócio, independentemente de outras limitações que possam ter atrapalhado.

Uma pessoa que presta esse tipo de serviço certamente atrairá a atenção de outras que iniciarão uma acirrada competição por seus serviços. Ninguém jamais ouviu falar de uma disputa pelos serviços de uma pessoa que executa o mínimo de trabalho possível para sobreviver, e que executa esse trabalho de maneira descuidada, com um espírito relutante.

Toda a habilidade no mundo, todo o conhecimento registrado em todos os livros ao longo dos tempos, toda a escolaridade existente não criará um mercado lucrativo para um homem ou uma mulher que oferece o mínimo de serviço possível, com uma qualidade ruim.

Por outro lado, o espírito de trabalhar a mais, voluntariamente, prestando um serviço mais amplo e melhor do que aquele que é pago para realizar, certamente trará a sua justa recompensa. Isso compensará muitas qualidades negativas e a falta de outras qualidades desejáveis.

DEGRAU NÚMERO 9:
Uma personalidade cativante

Você pode ver prontamente que, embora tenha todas as qualidades até agora descritas, estaria muito propenso a fracassar no trabalho de sua vida se também não atraísse as pessoas por meio de uma personalidade agradável.

A personalidade não pode ser definida em uma palavra, porque é a soma total das qualidades que o distinguem de todas as outras pessoas no mundo. As roupas que você veste fazem parte de sua personalidade – uma parte muito importante dela. A sua expressão facial, mostrada pelas linhas em seu rosto ou pela falta delas, faz parte de sua personalidade. As palavras que você fala formam uma parte muito importante de sua personalidade e o marcam instantaneamente, uma vez que você pode falar como uma pessoa refinada, ou não. A sua voz também constitui uma parte importante de sua personalidade, uma parte que, para ser agradável, deve ser cuidada, treinada e desenvolvida para que seja harmoniosa, rica e expressada com ritmo. A maneira como você aperta a mão de alguém é uma parte importante de sua personalidade; portanto, torne o seu aperto de mãos firme e vibrante. Se você apenas permitir que a outra pessoa aperte a sua mão flácida, fria e sem vida, estará exibindo o que constitui uma personalidade negativa.

Uma personalidade cativante pode ser descrita como aquela que atrai as pessoas e as faz encontrarem companheirismo e harmonia em sua companhia, enquanto uma personalidade pouco atraente é aquela que faz com que as pessoas queiram ficar o mais longe possível de você.

Sem dúvida, você pode analisar a si mesmo e determinar se as pessoas se sentem atraídas por você ou não, e, se não, certamente pode descobrir o motivo. Além disso, pode ser interessante saber que a classe de pessoas que você atrai para si indica claramente o seu próprio caráter e personalidade, porque você atrairá apenas aqueles que estão em harmonia com você e cujo caráter e natureza correspondem aos que você tem.

Uma personalidade cativante geralmente pode ser encontrada na pessoa que fala de modo gentil e amável, selecionando palavras que não ofendem; que escolhe roupas de estilo apropriado e cores que se harmonizam; na pessoa altruísta e disposta a servir às outras pessoas; que é amiga de todos, independentemente de política, religião, credo ou ponto de vista econômico; que se abstém de falar mal dos outros, com ou sem motivo; naquela que consegue conversar sem atrair uma discussão ou sem ser atraída por outras pessoas para discutir assuntos polêmicos como religião e política; que vê o que há de bom nas pessoas e ignora o que há de ruim; que não procura mudar nem repreender os outros; que sorri com frequência e profundamente. Na pessoa que ama as crianças, as flores, os pássaros, a grama que cresce, as árvores e os riachos; que simpatiza com todos os que estão com problemas; que perdoa atos de indelicadeza; que voluntariamente concede às outras pessoas o direito de fazer o que quiserem, desde que ninguém seja prejudicado. Na pessoa que sinceramente se esforça para ser construtiva em cada pensamento e ação; que encoraja as outras pessoas e as estimula a maiores empreendimentos, em algum trabalho útil para o bem da humanidade, interessando-as em si mesmas e inspirando-as com autoconfiança; que é um ouvinte paciente e interessado e tem o hábito de dar à outra pessoa a chance de falar sem ser interrompida e que não domina a conversa.

Uma personalidade cativante, como todas as outras qualidades mencionadas nessa escada, é facilmente desenvolvida por meio da utilização da psicologia aplicada.

DEGRAU NÚMERO 10:
Pensamento preciso

Depois de aprender a pensar corretamente, você praticará fácil e automaticamente o hábito de examinar tudo o que tenta chegar à sua mente, para ver se são meras "informações" ou *fatos*. Você aprenderá como manter longe de sua mente todas as impressões sensoriais que surgem não de fatos, mas de preconceitos, ódio, raiva, parcialidade e outras fontes falsas.

Você aprenderá a separar os fatos em dois grupos: os relevantes e os irrelevantes, ou os importantes e os sem importância. Aprenderá como pegar os fatos "importantes" e organizá-los, trabalhando-os em um julgamento perfeito ou plano de ação.

Você aprenderá a analisar o que lê em revistas e jornais, fazendo as deduções necessárias, raciocinando dos fatos conhecidos para os desconhecidos e chegando a um julgamento equilibrado, não colorido por preconceitos ou construído a partir de meras "informações" que você não examinou cuidadosamente.

Você também aprenderá, quando entender como pensar corretamente, como colocar o que as outras pessoas dizem no mesmo processo, porque isso o aproximará da verdade. Você aprenderá a não tomar nada como um fato a menos que corresponda à sua própria sabedoria e a menos que passe pelos vários testes aos quais um pensador seguro sempre submete tudo o que tenta chegar à sua mente.

Você aprenderá, também, a não ser influenciado pelo que um homem diz sobre outro até que tenha pesado e examinado a afirmação, e determinado, de acordo com os princípios conhecidos do pensamento correto, se ela é falsa ou verdadeira.

Se o pensamento científico fizer tudo isso por você, é uma qualidade desejável, não é?

Ele fará tudo isso – e muito mais – quando você entender os princípios comparativamente simples pelos quais o pensamento correto é produzido.

DEGRAU NÚMERO 11:
Concentração

A concentração, no sentido em que a tornamos um dos degraus desta escada, refere-se à prática de induzir a sua mente a visualizar todos os detalhes delineados em seu objetivo principal ou em qualquer tarefa, seja ela relacionada ou levando ao seu objetivo principal ou não, até que esse quadro tenha sido claramente delineado e formas práticas e meios de transformá-lo em realidade tenham sido criados.

A concentração é o processo de fazer com que a sua imaginação busque em cada fenda e cada canto de sua mente subconsciente – onde está armazenada uma imagem perfeita de cada impressão sensorial que já alcançou a sua mente por meio de seus cinco sentidos – e encontre tudo o que pode ser usado em conexão com o objeto da concentração.

A concentração é também o processo de reunir – como baterias elétricas conectadas por fios – a força combinada de todas as qualidades descritas nesta escada com o propósito de alcançar determinado fim ou determinado objeto – o objeto-alvo da concentração.

É o processo de concentrar os poderes do pensamento sobre determinado assunto até que a mente o tenha analisado e separado em suas partes componentes, depois reunido tudo novamente em um plano definido.

É o processo de estudar os efeitos por suas causas e, inversamente, as causas por seus efeitos.

DEGRAU NÚMERO 12:
Persistência

A persistência e a concentração estão tão intimamente relacionadas que é difícil dizer onde está a linha que as separa.

Persistência é sinônimo de força de vontade ou determinação. É a qualidade que faz com que você mantenha os poderes de sua mente focados em determinado objetivo, pelo princípio da concentração, até que esse objetivo seja alcançado.

A persistência é a qualidade que faz com que você se levante, depois de ter sido derrubado por um fracasso temporário, e continue a sua busca por determinado desejo ou objeto. É a qualidade que lhe dá coragem e fé para continuar tentando diante de todos os obstáculos que possam surgir.

É a qualidade que faz com que o buldogue encontre o aperto mortal na garganta de seu oponente e então se deite e segure sua presa firmemente apesar de todos os esforços dela para se livrar.

No entanto, você não pretende desenvolver persistência com o propósito de usá-la como um buldogue faz. Você a está desenvolvendo com o propósito de superar aquelas rochas e recifes necessários que quase todas as pessoas devem enfrentar para alcançar qualquer lugar valioso no mundo. Você está desenvolvendo a persistência para guiá-lo de forma inabalável em determinada direção somente depois de estar convencido de que está indo na direção certa. O uso indiscriminado de persistência só pode causar problemas.

DEGRAU NÚMERO 13:
Fracassos

Isso nos leva ao décimo terceiro degrau "da sorte" da escada – fracassos!

Não tropece neste degrau. Ele é o degrau mais interessante de todos, porque trata de fatos que você deve enfrentar na vida, querendo ou não. Ele mostra a você, tão claramente quanto ver o sol em um dia claro, como transformar cada falha em um trunfo; como esculpir cada falha até torná-la uma pedra fundamental sobre a qual a sua casa de sucesso ficará edificada para sempre.

O fracasso é o único assunto em toda a escada que pode ser chamado de "negativo", e mostrarei a você como e por que é uma das experiências mais importantes da vida.

O fracasso é o plano da natureza para ensinar uma pessoa a ultrapassar obstáculos e treiná-la para um trabalho que vale a pena na vida. É a grande prova de fogo da natureza e o processo de têmpera que queima a escória de todas as outras qualidades humanas e purifica o metal para que ele resista a todo o uso árduo ao longo da vida. O fracasso é a grande lei da resistência que torna uma pessoa mais forte na medida em que ela supera essa resistência.

Em cada fracasso há uma grande e duradoura lição, se alguém apenas analisar, pensar e tirar proveito disso. O fracasso desenvolve a tolerância, a simpatia e a bondade no coração humano.

Você não viajará muito longe no caminho da vida antes de descobrir que toda adversidade e todo fracasso são uma bênção disfarçada, uma bênção porque colocou sua mente e o seu corpo em ação e, assim, fez com que ambos crescessem por meio da lei do uso.

Olhe para trás através dos tempos e você encontrará uma história cheia de incidentes que mostram claramente o valor purificador, expiatório e fortalecedor do fracasso.

Quando você começar a perceber que o fracasso é uma parte necessária da formação de alguém, não vai mais temê-lo, e então a primeira coisa que você vai descobrir é que não haverá mais fracassos! Ninguém jamais se levantou do nocaute da derrota sem ser um ser humano mais forte e mais sábio em um aspecto ou outro.

Se examinar os seus próprios fracassos, se tiver a sorte de ser capaz de apontar alguns de grande importância, sem dúvida verá que eles marcaram certos momentos decisivos em sua vida e em seus planos e que foram benéficos para você.

DEGRAU NÚMERO 14:
Tolerância e compaixão

Duas grandes maldições do mundo de hoje são a intolerância e a falta de compaixão.

Se o mundo tivesse sido tolerante, a Guerra Mundial nunca poderia ter assolado a face do globo civilizado como o fez.

Aqui nos Estados Unidos, é de particular importância que aprendamos a lição de tolerância e compaixão, porque este é um grande caldeirão em que vivemos lado a lado com todas as raças e com os seguidores de todos os credos e religiões do mundo.

A menos que demonstremos tolerância e compaixão, não estaremos vivendo de acordo com o padrão que primeiro distinguiu este mundo do mundo do velho czar, rei e kaiser do outro lado do Atlântico.

Muitas grandes lições foram aprendidas durante a guerra, mas nenhuma foi mais importante do que esta: que católicos e protestantes, judeus e não judeus e os seguidores de todas as outras religiões e todas as nacionalidades e raças poderiam lutar lado a lado por uma causa comum.

Se pudemos lutar por uma causa comum durante a guerra, sem demonstrar intolerância uns pelos outros por causa de religião, raça e credo, e se achamos necessário e proveitoso fazê-lo, por que não continuar fazendo o mesmo em tempos de paz?

O poder vem da cooperação!

Ao longo dos tempos, as massas agitadas e em luta sofreram mais com sua grosseira indiferença e violenta intolerância umas com as outras do que com a opressão das classes.

Na verdade, as massas poderiam deixar de lado a intolerância e trabalhar por uma causa comum, atrás de uma frente sólida, e nenhum poder no mundo poderia derrotá-las.

Na guerra, a derrota geralmente vem da falta de organização. O mesmo é verdade na vida. A intolerância e a falta de esforço harmonioso para um fim comum sempre deixaram a porta aberta para que alguns poucos que compreenderam o poder que vem do esforço organizado pudessem entrar e cavalgar no dorso das massas desorganizadas e intolerantes.

Agora mesmo, a intolerância está causando estragos no mundo em duas direções, a saber, na religião e nos negócios. O desacordo entre o chamado "capital" e o "trabalho" não passa de intolerância e ganância, e está em evidência tanto de um lado quanto do outro. Se ambos os lados pudessem ver que um é o braço enquanto o outro é o sangue que mantém esse braço vivo, perceberiam que a intolerância que afeta um negativamente também afeta o outro da mesma maneira.

Acabemos com a intolerância colocando os princípios acima do dinheiro e a humanidade acima do indivíduo egoísta. Exercitemos pelo menos tanta inteligência real quanto a abelha que trabalha para o bem da colmeia, para que esta não pereça.

DEGRAU NÚMERO 15:
Trabalho

Esta é a palavra mais concisa de todas as que constituem os degraus desta escada, mas é uma das mais importantes dessas qualidades.

Todas as leis da natureza decretaram que nada pode viver que não tenha uso. O braço que está atado ao lado do corpo e removido do uso ativo perderá a força e perecerá. Assim é com qualquer outra parte do corpo físico. O desuso traz decadência e morte.

Da mesma forma, a mente humana, com todas as suas qualidades, murchará e decairá a menos que seja usada. Ou melhor, a mente não decairá, mas o cérebro, o agente físico pelo qual a mente funciona, decairá a menos que seja usado.

Cada imagem que chega ao cérebro humano por meio dos cinco sentidos se incorpora a uma das minúsculas células cerebrais, para murchar e morrer pelo desuso ou para se tornar vívida e saudável pelo uso constante.

Os educadores mais modernos agora admitem que não é o conhecimento real que uma criança obtém dos livros escolares que constitui a sua "educação". É o desenvolvimento do cérebro que ocorre no processo de transferência desse conhecimento dos livros para o cérebro, trazendo uma quantidade correspondente de uso do próprio cérebro, que constitui o real valor da escolarização.

As qualidades descritas nesta escada são suas em troca de apenas um preço, e esse preço é o trabalho – trabalho persistente e incessante. Enquanto você exercitar essas qualidades e mantê-las no trabalho, elas serão fortes e saudáveis. Mas se permitir que elas permaneçam adormecidas, sem uso, elas murcharão em decadência e, finalmente, irão caminhar para a morte.

DEGRAU NÚMERO 16:
A Regra de Ouro

Este é o último degrau da escada, mas uma leve reflexão nos dirá que provavelmente deveria ter sido o primeiro, porque o seu uso ou desuso determinará se alguém fracassará ou será bem-sucedido na aplicação de todas as outras qualidades mencionadas nesta escada.

A filosofia da Regra de Ouro é o sol brilhante que deve formar o pano de fundo de todas as outras qualidades descritas na escada. A menos que a Regra de Ouro ilumine o seu caminho, você está propenso a mergulhar de cabeça em armadilhas das quais poderá nunca escapar.

A filosofia da Regra de Ouro torna os *kaisers* impossíveis e ajuda a produzir os Lincoln e Washington. É aquilo que leva indivíduos ou nações ao crescimento ou à decadência, à vida ou à morte, conforme seja aplicada ou não.

A Regra de Ouro oferece o único caminho seguro para a felicidade, porque conduz diretamente ao campo do serviço útil no interesse da humanidade. É a coisa que desenvolve o espírito de "colmeia" no homem e o leva a sufocar os seus interesses pessoais egoístas para o bem da raça.

A Regra de Ouro atua como uma barreira para todas as tendências do homem em relação ao uso destrutivo do poder que vem do desenvolvimento das outras qualidades descritas nesta escada. É o antídoto para o mal que o homem poderia causar sem conhecimento e poder; é aquilo que guia o homem para o uso inteligente e construtivo das qualidades que ele desenvolve a partir do uso dos degraus desta escada.

A Regra de Ouro é a tocha do homem, que o guia em direção aos objetivos da vida que deixam algo de valor para a posteridade, que ilumina os fardos de seus companheiros de jornada na terra e os ajuda a encontrar o caminho para um esforço útil e construtivo.

A Regra de Ouro significa simplesmente que devemos agir em relação às outras pessoas como desejamos que as outras pessoas ajam em relação a nós; que devemos fazer a elas o que desejamos que nos façam; que devemos dar em pensamentos, ações e feitos aquilo que estamos dispostos a receber das outras pessoas.

Diante de si, nesta escada, você tem um projeto ou plano perfeito pelo qual pode alcançar qualquer realização legítima na vida que esteja ao alcance de uma pessoa de sua idade, tendência natural, escolaridade e ambiente. Esta é uma escada mágica para guiá-lo em busca do final do arco-íris do sucesso – que quase todos nós esperamos encontrar em algum momento da vida.

O final do seu arco-íris está à vista, meu amigo, e, no momento em que você dominar as qualidades desta escada, poderá pegar o pote de ouro que está à espera de seu dono legítimo vir e reivindicá-lo.

Napoleon Hill's Magazine

Edited by Napoleon Hill
Founder of

HILL'S GOLDEN RULE

THIS ISSUE FEATURING
APPLIED PSYCHOLOGY

The subject of Applied Psychology is now claiming the attention of the entire civilized world, therefore we are presenting, in this edition, Harriet Luella McCollum, undoubtedly the foremost teacher of this subject, who will write for this magazine during the coming year.

EDITORS' CREED

Your editors pledge themselves, without reservation, to the task of helping people see the necessity of placing principle above the dollar and humanity above the selfish individual whose only object in life is to get without giving

100,000 CIRCULATION
BY DECEMBER THIRTY FIRST 1921

June 1921—25c a Copy

Capítulo VIII

O PODER DO ESFORÇO ORGANIZADO

Este artigo é baseado em fatos científicos. Se analisá-los com cuidado, descobrirá quais são os fundamentos que marcam a diferença entre um líder e um seguidor. Ele mostra claramente como o poder é alcançado.

Para prepará-lo para o que vem a seguir, deixe-me esboçar algumas analogias simples. Para começar, consideremos o vapor liberado, como o que vimos flutuando no ar após a passagem de um trem.

Esse vapor está sem energia. Alguns minutos antes, ele tinha força suficiente para puxar o trem, mas isso enquanto estava concentrado, restrito ou organizado.

Não há poder em um rio que flui enquanto a água se espalha de margem a margem. Mas concentre essa mesma água em um canal de moinho, organizando-a e desviando o seu curso com a ajuda de uma represa, e ela fará girar as engrenagens de uma indústria.

Do esforço organizado vem o poder, a força!

Uma carga comum de pólvora é praticamente inofensiva quando explodida ao ar livre. Mas confine a mesma quantidade de pólvora e controle a sua energia com o auxílio do cano de uma arma, e ela se torna dinâmica e poderosa.

Os raios do sol não farão um buraco em um jornal, mesmo nos dias mais quentes, a menos que sejam organizados e concentrados naquele papel com a ajuda de uma lupa. A organização e o direcionamento, com a ajuda da lupa, dão aos raios o poder de queimar um buraco no papel instantaneamente.

Com essa preparação, estamos prontos para discutir o assunto deste artigo, que é o potencial humano e como ele é obtido. O potencial humano é desenvolvido, assim como qualquer outro poder, por meio de esforço organizado. Essa organização assume duas formas. Uma é a organização das próprias faculdades, e a outra é a organização das pessoas em grupos. Um grupo de indivíduos altamente organizados pode alcançar resultados surpreendentes.

A história está cheia de evidências de que um pequeno exército de soldados bem treinados e bem organizados foi capaz de derrotar dez vezes o número de soldados desorganizados e mal treinados. Meia dúzia de policiais bem treinados pode controlar uma multidão desorganizada de mil ou mais pessoas.

E aqui está um pensamento que se destina a você; aproprie-se dele para seu próprio uso, e você poderá atingir quaisquer alturas que possa aspirar alcançar. Aqui está:

Um indivíduo bem organizado pode realizar seus planos apesar da oposição daqueles que o cercam. Um único indivíduo pode organizar seu conhecimento, seus fatos e seus planos de maneira tão completa que toda a raça humana não pode impedi-lo de realizar o que quer que empreenda – tudo isso tem a natureza de um prelúdio para o que eu desejo dizer sobre o assunto do esforço organizado.

Existem três grandes forças potenciais no mundo hoje. Uso a palavra *potencial* deliberadamente, porque essas três forças são meramente passivas, comparadas com o que poderiam ser se fossem organizadas.

Essas forças são:

(a) as igrejas

(b) as escolas

(c) os jornais

Essas três forças, devidamente organizadas e trabalhando em harmonia para um fim comum, poderiam mudar a tendência do mundo civilizado nos próximos vinte anos, e toda a raça humana não poderia detê-las se quisesse!

Leia o parágrafo anterior novamente. Ele é de importância vital.

Seria demais presumir que haja algum líder ou planejador no mundo hoje que possa fazer com que essas três grandes forças cooperem para um fim comum, mas vamos considerar um ângulo que não é de forma alguma impossível de realizar, a saber, a organização do poder jornalístico.

PLANO PARA ORGANIZAR UMA DAS TRÊS FORÇAS QUE LIDERAM O MUNDO

Você não precisará recorrer muito à sua imaginação para ver as possibilidades de poder que viriam do esforço organizado e cooperativo de quinhentos jornais, todos controlados e dirigidos por uma fonte, todos trabalhando para um fim comum, sob um objetivo definido, com um plano bem organizado.

Venha comigo, em sua imaginação, enquanto formulo um plano para ilustrar o poder do esforço organizado.

Vamos supor que temos quinhentos jornais em circulação, cem dos quais são diários localizados nas cem maiores cidades da América, e os demais quatrocentos são semanários localizados em quatrocentas das principais e mais populosas sedes de condado da América.

Esses quinhentos jornais estão sob a direção de um chefe; consequentemente, sua política é uniforme e eles devem trabalhar em harmonia. Eles alcançam cerca de cinco milhões de pessoas diariamente e semanalmente.

Não precisamos dizer que a maioria das pessoas é influenciada pelo que lê em seu jornal favorito. Não precisamos dizer que a maioria das pessoas lê jornais sem analisar o que lê ou questionar a sua veracidade.

Você pode ver, para começar, que cinco milhões de pessoas sendo influenciadas por um líder, por meio de um sindicato de jornais, criam seguidores que representam um poder considerável!

POLÍTICA EDITORIAL DESSAS QUINHENTAS PUBLICAÇÕES

Vamos imaginar que o homem por trás desses quinhentos jornais seja um homem sábio, consciencioso, patriota; que ele dirá ao povo, por meio de seus quinhentos jornais, quem era George Washington e o que ele defendia. Você sabe, alguns de nós realmente esquecemos o que Washington representava.

Suponhamos também que ele dirá a seus cinco milhões de leitores quem era Abraham Lincoln e o que ele defendia; e quem eram Jefferson e Franklin e o que eles representavam; e que ele bombardeará, diária e semanalmente, martelando na cabeça de cinco milhões de pessoas o fato de que esses homens foram estadistas altruístas que colocaram a humanidade acima do indivíduo; que sacrificaram os próprios interesses pelo bem da raça humana.

Você pode ver, é claro, que quinhentos jornais alcançando cinco milhões de pessoas fariam uma diferença significativa na mente do povo americano, enquanto um jornal poderia realizar muito pouco comparativamente.

Suponhamos que esses quinhentos jornais, como parte de seu processo de organização de esforços, publicassem diariamente e semanalmente um editorial vigorosamente escrito sobre o puro americanismo, para ser lido em todas as escolas da América e nos lares desses cinco milhões de leitores.

Suponhamos que esses quinhentos jornais, como parte de seu plano organizado para mudar a tendência destrutiva da raça, publicassem um editorial poderosamente escrito diariamente e semanalmente, dirigido a todos os membros da igreja, independentemente da religião ou credo, chamando a atenção para o poder destrutivo da tendência da intolerância praticada entre os líderes e os seguidores das várias igrejas cristãs – um editorial que mostraria a loucura da competição religiosa e a perda de poder que ela produz.

Suponhamos que esses quinhentos jornais tenham outro editorial diário e semanal, dirigido às bases dos sindicatos, chamando a atenção para o fato de que, a menos que o povo trabalhador da América coloque a sua casa em ordem e faça uma limpeza interna, será apenas uma questão de tempo até que ela seja limpa por fora. Chamando a atenção, reiteradamente, para a lei universalmente estabelecida de que se recebe na proporção do que se dá, ou então haverá consequências gravíssimas. Também chamando a atenção dos trabalhadores para o fato de que repetir os erros dos quais eles acusam o capital em nada beneficia o trabalhador, mas leva, em última análise, à destruição e ao fracasso. Chamando a atenção para as vantagens da Regra de Ouro e mostrando aos trabalhadores a oportunidade que eles têm de aplicá-la, retribuindo o mal com o bem onde quer que acreditem ter sido prejudicados pela classe patronal, ganhando assim a simpatia e a boa vontade do público, que eles não poderiam proteger de outra forma.

Suponhamos, também, que esses quinhentos jornais publicassem outro editorial, diário e semanal, dirigido aos empregadores e aos chamados capitalistas da América, chamando sua atenção para as vantagens de conduzir uma corrida trabalhista pelas honras que inegavelmente resultariam para o lado que primeiro adotasse e aplicasse a Regra de Ouro. Essa série de editoriais deve traçar a história até os dias de Roma, mostrando, sem sombra de dúvida, que o mau uso do poder sempre levou ao caos e à ruína todos que o fizeram.

Agora chegamos à parte da política editorial que causaria muita diversão para algumas pessoas e resultaria em constrangimento sem fim para outras. Estamos nos referindo aos editoriais diários e semanais que esses quinhentos jornais dirigiriam aos nossos senadores e representantes em Washington, chamando a atenção para o fato de que...

Eles são servidores, e não mestres! Que eles vão a Washington para servir aos que os elegem, e não para serem servidos. Que os seus cargos não incluem nenhum direito ou privilégio de natureza pessoal além do direito de servir ao povo, e que o poder de seus cargos não deve, em nenhuma medida, ser usado para promover os seus empreendimentos privados, nem para favorecer amigos, nem para construir suas fortunas particulares. Que eles não têm o direito de usar o Diário de Sessões do Congresso e seus privilégios de correspondência para promover sua ambição política. Embora eles não devam bater ponto, espera-se que estejam de plantão em Washington todos os dias, em todas as sessões do Congresso.

Em cada um desses quinhentos jornais haveria uma seção conhecida como "coluna das ações pessoais de senadores e representantes", na qual todas as ações pessoais de senadores e representantes, enquanto em Washington, seriam relatadas ao povo diariamente e semanalmente. Essa coluna traria um relatório tabulado de como cada senador e representante votou nos principais projetos de lei perante o Congresso e forneceria outras informações sobre a vida pública em Washington que seriam muito úteis para permitir que os eleitores determinassem quem retornaria ao Congresso e quem se aposentaria.

Esses quinhentos jornais, sendo o maior departamento de coleta e divulgação de notícias do mundo, poderiam muito bem manter um escritório de notícias bem organizado em Washington, apoiado por uma equipe competente de talentos variados, suficientes para obter todos os fatos sobre a vida pública em Washington e fornecer, a cada um dos quinhentos jornais, um registro ininterrupto das relações públicas e privadas de cada senador e congressista em Washington.

Se um senador ou representante fosse a Washington como um homem comparativamente pobre e, de repente, florescesse como a Packard[4], com uma superabundância de luxos da vida, sem falar de todas as necessidades da vida, as agências de notícias desses quinhentos jornais obteriam os fatos relativos à fonte da riqueza e informariam corretamente as pessoas em casa. Isso, é claro, pouparia ao senador ou representante um constrangimento considerável e muitas explicações, já que algumas pessoas poderiam entender mal a aquisição de tanta riqueza inexplicada.

Se um senador ou deputado deixasse o seu cargo durante uma sessão do Congresso e viajasse para outra cidade, um membro dessa agência de notícias altamente organizada o acompanharia (incógnito), descobriria aonde ele foi, quem ele encontrou, o que ele buscou

4. A Packard foi uma fabricante de automóveis de luxo nos Estados Unidos que existiu entre 1899 e 1958. (N.E.)

(e se conseguiu ou não), e esses fatos, bem organizados e classificados, seriam cuidadosamente relatados nesses quinhentos jornais, de modo que seriam de conhecimento geral em todo o país.

Se um pequeno punhado de senadores se reunisse, digamos, em um almoço, e decidisse quem o povo deveria ter como presidente dos Estados Unidos antes de as Convenções serem realizadas, essa agência de notícias obteria a informação e a forneceria ao povo a tempo de deixá-lo saber em quem votar. Isso daria às pessoas tempo para consultar o registro do candidato em potencial e verificar a sua capacidade de ocupar o cargo.

Bem, sim, isso seria um pouco presunçoso por parte dessa agência de notícias, mas você deve lembrar que os jornalistas sempre foram considerados um tanto "intrometidos". Além disso, você deve lembrar que as pessoas gostariam de ter conhecimento dessas coisas se soubessem como descobri-las, e uma parte do negócio desses quinhentos jornais seria ajudar as pessoas a descobrirem o que elas querem saber. Em troca do serviço, os jornais esperariam alguma coisa, é claro – eles esperariam um público consistente e organizado de cinco milhões de pessoas que representaria o verdadeiro poder!

Pegue o significado por trás da última frase.

Aliás, na medida em que esses quinhentos jornais atingiriam cinco milhões de pessoas localizadas em todos os estados da América, eles teriam uma esplêndida oportunidade de descobrir quem o povo em geral deseja para presidente dos Estados Unidos. Seria parte do negócio desses jornais dizer ao povo das áreas rurais o que o povo da cidade está pensando para a presidência, e vice-versa. Dessa forma, as pessoas teriam um meio preciso de se comunicar umas com as outras.

Por fim, e um tanto incidentalmente, esses quinhentos jornais forneceriam ao povo todas as notícias claras e construtivas do mundo, menos os escândalos de divórcio, julgamentos de assassinato, roubos e outras histórias destrutivas e nada edificantes, sem as quais as pessoas podem viver.

Tanto seria o poder que viria do esforço organizado por meio da ajuda de quinhentos jornais – uma fonte de esforço organizado que mencionamos principalmente com o propósito de conduzir a sua mente para um campo apropriado no qual você pode aprender como o potencial humano é criado.

Deixe-me voltar, após essa preparação, para o assunto que eu tinha em mente quando comecei este artigo, ou seja, para mostrar a você como organizar as suas faculdades individuais com o objetivo de que você possa ganhar potencial humano.

De um modo geral, existem duas classes de pessoas no mundo, e devemos levar isso em consideração antes de podermos ter uma perspectiva adequada desse assunto de esforço organizado sobre o qual estou escrevendo. Essas duas classes de pessoas são os líderes e os seguidores. As duas classes são muito desigualmente divididas: 95% da população adulta do mundo são seguidores, e os outros 5% são líderes.

A principal diferença entre essas duas classes é que uma se organizou e aprendeu a organizar os que estão ao seu redor, enquanto a outra é desorganizada, tanto individualmente como em grupo.

Você observará, portanto, que existem dois tipos de organização. Uma seria a organização individual, e a outra, a organização do grupo.

Vamos começar com o indivíduo e vamos chamá-lo de *você*.

Você pode se transformar em um dínamo humano pontual de poder e liderança se observar essas sugestões e aplicá-las a fim de organizar as suas faculdades. Primeiro você deve desenvolver as dezesseis qualidades descritas na Escada Mágica para o Sucesso. Você deve entender e aplicar cada um desses dezesseis princípios, o primeiro dos quais é um "objetivo principal definido na vida".

Subindo a escada, você deve desenvolver autoconfiança, iniciativa, imaginação, ação, entusiasmo, autocontrole, o hábito de prestar um serviço melhor e mais amplo do que está sendo pago para prestar, uma personalidade cativante, a capacidade de pensar com precisão, a capacidade de concentrar todos os seus esforços em um único objetivo e persistência. Você deve tirar proveito de todos os seus fracassos e erros, aprendendo e aplicando a lição que cada um lhe traz. Você deve desenvolver e preservar a tolerância e a simpatia; deve encontrar o trabalho para o qual é mais adequado, o trabalho de que mais gosta; e por último, mas não menos importante, deve fundamentar todos os seus relacionamentos humanos na filosofia da Regra de Ouro.

Isso o colocará na direção certa para organizar as suas faculdades individuais em potencial humano. Na medida em que deixar de dominar e aplicar qualquer um dos dezesseis princípios da Escada Mágica para o Sucesso, brevemente mencionados no parágrafo anterior, faltará a você o poder que vem do esforço organizado. Depois de se organizar completamente, você estará pronto para sair da multidão esmagadoramente grande chamada seguidores, se estiver nela, e tomar o seu lugar entre os líderes.

De nenhuma outra maneira você pode alcançar a liderança!

A menos que você organize suas faculdades de acordo com a fórmula estabelecida na Escada Mágica para o Sucesso, terá que se contentar em permanecer como um seguidor, um membro da grande família humana chamada "assalariado". Você terá que se submeter à injustiça e ao domínio das outras pessoas, queira ou não, a menos que se organize em uma unidade de potencial humano que lhe permitirá livrar-se do jugo da opressão e subir para onde deseja estar na vida.

Não há como escapar da pobreza, da dor, da tristeza e da injustiça a não ser por meio de um esforço organizado.

Por favor, leia o parágrafo anterior novamente, e se, ao lê-lo uma segunda vez, você ponderar e entender o seu significado e aplicar o pensamento que vem dele, poderá se elevar às alturas da realização humana em questão de semanas ou meses.

Pode parecer injusto para um homem viver com relativa facilidade sem o uso de suas mãos, sem fazer nenhum esforço extenuante. Mas, independentemente do que possa parecer, há apenas uma maneira de evitar essa aparente injustiça, e essa maneira é organizando as suas faculdades e criando o poder que lhe permitirá livrar-se dos fardos que lhe foram impostos.

Lembre-se, não estou fazendo uma pregação.

A liderança e o poder individual vêm do esforço organizado, e o esforço organizado vem da organização das faculdades individuais e, então, do direcionamento dessas faculdades para um fim definido – por meio de planos definidos.

Tenha esse princípio claramente fixado em sua mente e você entenderá como é fútil e inútil amaldiçoar e xingar o seu "azar", a sua "falta de sorte" na vida. Você pode mudar a sua "sorte" apenas organizando os seus esforços, compreendendo causa e efeito.

Se você quer saber por que um homem pode se tornar milionário enquanto o seu vizinho, que é tão merecedor moralmente, ou talvez mais, continua pobre, posso lhe dizer: um tem a capacidade de organizar e direcionar inteligentemente os seus esforços de acordo com um plano definido, e o outro não tem essa capacidade. Talvez uma maneira melhor de dizer isso seja que um desenvolveu e organizou as suas faculdades em um esforço organizado, enquanto o outro, por falta de compreensão ou por uma passividade letárgica em relação à vida, falhou em organizar as dele.

Quando você começa a ter essa visão da causa que cria pobreza para um e riqueza para outro, está aprendendo uma das lições mais importantes da vida e, se for uma pessoa altamente inteligente, verá a loucura de odiar ou invejar outra pessoa porque ela construiu uma casa própria enquanto você não tem casa.

Além disso, terá alcançado a sabedoria necessária para organizar as suas próprias faculdades e os seus próprios esforços para que possa construir uma casa, ou qualquer outra coisa que desejar na vida, sem nunca pensar em demolir a casa de outro homem ou tirar dele o que ele criou por meio de seu esforço organizado.

Nenhum homem pode entender a grande questão da economia a menos que compreenda a verdade invariável de que o potencial humano vem do esforço organizado e que o esforço organizado determina o que um homem pode conseguir e manter!

Se você entende o que estou tentando dizer, também entende que a questão da distribuição justa da riqueza mundial é um problema de educação e nada mais que isso.

E, o mais importante, você entenderá que o seu programa individual na vida é uma questão da sua educação e nada mais. Por meio da educação, você aprenderá a organizar os seus esforços. Se atingir um alto grau de educação, compreenderá, é claro, que terá a responsabilidade de ajudar a educar as pessoas ao seu redor. Você entenderá que o homem ou a mulher que atingir o mais alto grau de educação, de formação, nesta Terra, é a pessoa que mais faz para educar a raça humana para que cada membro da família humana aprenda como organizar e direcionar adequadamente os seus esforços nesta Terra para o bem e a preservação da raça.

Não pretendo dizer aos leitores desta revista como devem se comportar ou qual deve ser o seu padrão de ética, mas sinto-me privilegiado em transmitir a vocês esta verdade fundamental que é o próprio alicerce da realização pessoal neste mundo.

Há muito tempo, superei o desejo de reformar o mundo. Acredito que uma reforma duradoura virá com a compreensão adequada desses princípios fundamentais altamente importantes que influenciam e controlam os resultados nesta Terra. Acredito que a educação é o único meio verdadeiro de reforma construtiva disponível para a humanidade e que, quando um homem é devidamente educado, ele não precisa de reforma.

Para encerrar, gostaria de deixar com você este pensamento:

Quem o impede de se organizar completamente e subir às alturas em qualquer empreendimento que você escolher? Quem tem poder suficiente para detê-lo, se assim o quiser, se você organizou as suas faculdades e dirigiu os seus esforços para um objetivo definido, de maneira organizada? Se você pertence a essa grande massa chamada "assalariado", que deve estar em determinado lugar, em determinada hora, todos os dias, para obter a comida e as roupas necessárias para a existência, quem pode impedi-lo de organizar as suas faculdades a tal ponto que você pode eventualmente tirar um dia de folga, pelo menos?

Responda a essas perguntas! As respostas podem levá-lo do deserto da pobreza e do fracasso para a luz do sucesso e da fartura. Quem saberá sem experimentar?

MARCH, 1922

Napoleon Hill's Magazine

Edited by Napoleon Hill
Founder of

HILL'S GOLDEN RULE

Steal away into some quiet spot and read this issue in a spirit of reflective meditation wherein you will give yourself a chance to register and appropriate to your own use the thoughts that it will inspire in you.

The little silver quarter you pay for this copy may mark the most important turning point in your life

300,000 CIRCULATION

BY DECEMBER THIRTY FIRST 1922

TWENTY-FIVE CENTS A COPY.

Capítulo IX

MASTERMIND

Por meio do esforço organizado vem o poder. Se você deseja obter sucesso financeiro, deve se apegar firmemente a esse princípio de esforço organizado e cooperativo.

Há catorze anos, Andrew Carnegie fez uma declaração que só ouvi dez anos depois.

Durante uma entrevista para um jornal, perguntei ao grande magnata do aço a que ele atribuía o seu sucesso. Ele respondeu pedindo-me para definir o termo *sucesso*. Quando eu disse a ele que me referia ao seu dinheiro, ele falou:

"Bem, se você quer saber como consegui o meu dinheiro, vou encaminhá-lo aos homens da minha equipe; eles o conseguiram para mim. Nós temos aqui neste negócio uma aliança de MasterMind, ou 'mente mestra'. Não é a minha mente, e não é a mente de nenhum outro homem da minha equipe, mas a soma total de todas essas mentes que eu reuni ao meu redor que constituem essa aliança de MasterMind no negócio do aço. Passei muitos anos reunindo esses homens ao meu redor e construindo essa mente. Cada homem contribui com uma parte importante para o desenvolvimento dessa mente. Nem sempre concordo com todos os homens da minha equipe em todos os assuntos, e eles nem sempre concordam comigo. Talvez nem todos se gostem do ponto de vista pessoal, mas sei que preciso desses homens e eles sabem que precisam de mim para manter a aliança de MasterMind, que é necessária para conduzir o negócio do aço."

Por anos, me perguntei o que Carnegie queria dizer com "MasterMind". À luz dos anos mais maduros, comecei a perceber que ele havia declarado toda uma filosofia de vida em poucas palavras. Carnegie conhecia o valor do esforço organizado. Ele sabia que nenhum homem poderia realizar muito sem o esforço coordenado de outras mentes. Ele sabia o valor da cooperação. Ele tinha em sua equipe homens que nem sempre concordavam com ele. Ele tinha homens que nem sempre admirava em todos os aspectos e que, talvez, nem sempre o admirassem, mas cada um sabia o quanto precisava dos outros, portanto, harmonizavam os seus esforços em direção a um fim comum, a um resultado com o qual todos lucravam.

Eu me pergunto se não há uma grande lição para o restante de nós na história de Carnegie, que acumulou uma das maiores fortunas que este país já viu. Eu me pergunto se o seu plano de fazer uso do esforço organizado não poderia ser aplicado a todas as esferas da vida. Seguindo os passos do Sr. Carnegie e fazendo uso exatamente da mesma filosofia, o Sr. Charles M. Schwab está duplicando rapidamente o sucesso de Carnegie. Não é possível para qualquer outra pessoa aplicar o mesmo princípio em qualquer empreendimento comercial legítimo com igual sucesso?

Que força notável é demonstrada pelo homem que pode deixar de lado preconceitos pessoais e trabalhar sem atrito com um grupo de homens com os quais não concorda em muitos assuntos. Que genialidade notável quando um homem pode exercer autocontrole suficiente, como fez Carnegie e como o Sr. Schwab está fazendo agora, trabalhando lado a lado com homens de diferentes pontos de vista, raciais e religiosos, sem nunca pensar em atrito, sem nunca mostrar um sinal de intolerância. Eu daria uma soma considerável se pudesse comprar do Sr. Schwab o privilégio de trabalhar com ele por alguns meses com o propósito de estudar o seu procedimento simples na aplicação desse princípio de esforço organizado que o elevou de humilde cocheiro para o chefe de uma das maiores indústrias da América, empregando milhares de homens.

Do esforço organizado vem o poder, e o processo de organização começa, sempre, na mente de algum homem que organiza as faculdades de sua própria mente e então reúne outras mentes ao seu redor e lhes ensina como se organizar e como trabalhar em equipe. Só um gênio, com autocontrole e espírito de tolerância, para trabalhar com outras pessoas em direção a um objetivo definido, sem egoísmo ou soberba.

Napoleon Hill's Magazine

APRIL, 1921

Announcing

A National Monthly Magazine about human beings, by human beings, for human beings, "With charity for all and malice toward none," edited on the *real* Golden Rule basis, taking up the work where it was discontinued in Hill's Golden Rule. No chain of gold is tied around our pen.

EDITORS' CREED

Your editors pledge themselves, without reservation, to the task of helping people see the necessity of placing principle above the dollar and humanity above the selfish individual whose only object in life is to get without giving

100,000 CIRCULATION

BY DECEMBER THIRTY FIRST 1921

25c a Copy

Capítulo X

ALGUNS FATOS INTERESSANTES SOBRE ANÁLISE DE PERSONALIDADE

Este é o primeiro de uma série de artigos sobre o interessante assunto da análise de personalidade. Este artigo é baseado em fatos reais, reunidos e classificados a partir da análise de mais de dez mil pessoas representando quase todos os públicos e profissões, em todas as esferas da vida.

Um jovem entrou em meu escritório cinco anos atrás e perguntou abruptamente: "O que você pode fazer por um deprimido, um pobre desafortunado?".

O jovem parecia adequado ao seu questionamento. O seu sotaque, entretanto, denunciava prontamente a sua escolaridade. Ele tinha um linguajar fácil e fluente do inglês, o que me indicou que a sua situação de apuro não era devido à falta de estudo.

Entreguei a ele um gráfico de análise e pedi que se sentasse a uma mesa para preenchê-lo cuidadosamente; depois me virei para entrevistar o meu próximo visitante. Normalmente, o tempo necessário para preencher adequadamente o gráfico de análise pessoal que uso é, em média, de trinta minutos.

Em quinze minutos, o jovem estava de volta à minha mesa com a ficha cuidadosamente preenchida.

Peguei o prontuário, dobrei-o sem olhar, coloquei-o sobre a escrivaninha diante de mim, estendi a mão para o jovem e disse: "Quero parabenizá-lo por sua capacidade incomum de concentrar a sua mente em tudo o que você está fazendo até que tenha terminado. Eu também quero parabenizá-lo por seu entusiasmo incomum. Com essas duas qualidades tão bem desenvolvidas em você, tanto uma quanto a outra, sinto que minha tarefa de analisá-lo e colocá-lo no caminho do sucesso é comparativamente fácil".

O jovem ruborizou, gaguejou algo sobre estar "azarado" e começou a me contar por que nunca havia conseguido avançar em nenhuma posição. Mas eu o parei. Vi, tão claramente quanto poderia ter visto o sol em um dia claro, o motivo – apesar do fato de não ter desdobrado o seu gráfico de análise pessoal.

Virei-me para o prontuário e comecei a ler a história sutil que ele contou, cada parágrafo, cada linha e cada palavra corroborando a história que eu já havia lido nas poucas observações que ele fez quando entrou no escritório.

Esse jovem foi um caso interessante, porque ele é típico dessa classe, que chega a centenas de milhares, que passa por fracassos terríveis na vida, em grande parte por causa de uma deficiência, uma deficiência que pode ser eliminada em 999 em cada mil casos.

Deixe-me dar um breve resumo do que esse gráfico de análise pessoal revelou.

Em primeiro lugar, revelou o fato de que o jovem teve uma escolaridade esplêndida, incluindo três anos de trabalho universitário e um curso especial em uma universidade importante. O gráfico também revelou o fato de que ele tinha um cérebro rápido e apto; que tinha a capacidade de analisar corretamente; que estava muito acima da média como um pensador; que tinha uma personalidade extraordinariamente cativante e atraente; e não tinha medo do trabalho. Na verdade, ele tinha todas as qualidades essenciais para o sucesso, exceto uma, que era a autoconfiança!

Antes de chegar à metade da análise dele, fiz esta pergunta: "Se lhe oferecessem o cargo de diretor de uma escola secundária por US$ 3 mil por ano, você aceitaria?". Ele hesitou, virou a cabeça de um lado para o outro por alguns instantes e então começou a dizer alguma coisa. Mas eu o interrompi com "Obrigado, pensei que não".

Ele protestou que ainda não havia me dado a sua resposta, mas pedi licença para informá-lo que sim, que ele tinha dado a resposta – ele me respondeu quando hesitou.

Ele então insistiu em expor o seu caso com estas palavras:

"É assim – se eu pensasse que poderia manter o emprego, aceitaria, mas eu nunca ganhei até US$ 3 mil por ano e, portanto, duvido que consiga manter esse tipo de emprego".

Fechei os olhos por um momento e olhei para o passado obscuro. Eu me vi no lugar do jovem que estava diante de mim. Sabia exatamente como ele se sentia e por que ele se sentia assim.

Continuei com sua análise até completá-la e formulei o meu plano para tirá-lo da rotina em que ele havia caído.

A análise completa mostrou apenas dois pontos de contato nos quais tive que segurar aquele jovem – apenas duas fraquezas –, mas esses dois são os mais perigosos da pontuação ou os que mais cercam o caminho da pessoa comum que não consegue avançar e progredir na vida.

Essas duas fraquezas eram a falta de autoconfiança, como já afirmei, e a falta de um propósito definido na vida.

Meu trabalho, então, foi reduzido, pelo processo de eliminação, à tarefa de ajudar o jovem a encontrar o tipo particular de trabalho para o qual ele era mais adequado por temperamento, constituição física, treinamento e inclinação natural, e a desenvolver a autoconfiança necessária para conduzir esse trabalho para o sucesso.

Selecionei esse caso específico porque representa quase 75% de todos os que analiso e aproximadamente a mesma porcentagem dos dez mil homens e mulheres que analisei no passado.

Queremos ouvir a verdade sobre nós mesmos, mas ai de quem a entrega a nós sem uma "cobertura de açúcar".

Todos os vendedores farão bem em lembrar que ninguém quer algo de que outra pessoa esteja tentando "se livrar".

Se você está mantendo os seus problemas vivos, plante-os – plante-os sob um metro e oitenta de solo e atente-se para esquecer o local do plantio.

O *MODUS OPERANDI* PELO QUAL ESTE JOVEM INICIOU O CAMINHO PARA O SUCESSO

Comecei, primeiro, a tarefa de encontrar o trabalho em que ele desfrutaria de seu maior sucesso, uma questão facilmente determinada em 99 de cada cem casos.

O processo pelo qual esses dados são verificados reduziu automaticamente as possíveis linhas de trabalho para três, uma das quais era uma linha de trabalho na qual o jovem não tinha experiência alguma. As outras duas linhas ele havia tentado sem sucesso.

Aplicando o teste que utilizo em casos desse tipo, resolvi experimentar o jovem no trabalho em que ele não tinha experiência.

Quando comuniquei a minha decisão, ele disse: "Isso é intimidador! Eu sempre desejei poder fazer esse tipo de trabalho, mas nunca acreditei que pudesse fazê-lo".

Essas palavras me aliviaram, em grande parte, do trabalho que eu teria de fazer para prepará-lo para a função que eu havia escolhido, porque me disseram, em termos inequívocos, que o próprio jovem ajudaria automaticamente no desenvolvimento da autoconfiança, uma vez que eu havia indicado um trabalho no qual ele poderia dedicar todo o seu coração e alma.

Isso me leva a um ponto adequado para dizer que uma das coisas mais interessantes que aprendi com a análise de personalidade é o fato de que uma pessoa terá sucesso quando devidamente analisada, classificada e colocada no trabalho que ama. Considero esse trabalho de análise de personalidade e adequação de homens e mulheres a empregos mais do que uma questão econômica; isso ajuda homens e mulheres a encontrarem a melhor coisa na vida – a felicidade!

Se encarado do ponto de vista comercial, o trabalho não é lucrativo, mas, se encarado do ponto de vista do serviço prestado ao próximo que dele necessita, e da felicidade que advém de tal serviço, o seu valor não tem preço.

Considero uma afirmação conservadora quando digo que o sucesso pode ser garantido em 100% dos casos em que um homem ou uma mulher pode ser devidamente orientado na seleção e busca de um propósito definido de vida (desde, é claro, que esse propósito coloque ele ou ela no trabalho para o qual melhor se encaixa), e a autoconfiança suficiente pode ser desenvolvida para perseguir esse propósito até o fim.

Não consigo me lembrar de um único cliente que atendi em que não tenham sido notados resultados imediatos e satisfatórios, exceto aqueles nos quais a autoconfiança não pôde ser desenvolvida (que representam um número insignificante) e aqueles que não puderam ser persuadidos a seguir o trabalho para o qual estavam mais bem preparados.

Algumas pessoas são tão negativamente carentes de autoconfiança e capacidade de concentrar a atenção em uma linha de trabalho que o sucesso é impossível.

ALGUMAS DAS QUALIDADES NEGATIVAS QUE ESTÃO ENTRE HOMENS E MULHERES E O SUCESSO

Comecei a análise de homens e mulheres há mais de dez anos, como parte de meu trabalho de pesquisa no campo da psicologia. Naquela época, eu não tinha noção de servir profissionalmente no campo da análise de personalidade. A informação revelada, quando comecei a classificar e registrar as fraquezas comuns de milhares de pessoas, prontamente me disse que esse é um dos maiores campos do desafio humano, um campo no qual um grande serviço pode ser prestado à humanidade. Aliás, os fatos surpreendentes revelados nesse trabalho de análise desempenharam um papel importante em minha própria vida e lançaram as bases para a maioria dos editoriais que escrevi.

Uma das coisas mais surpreendentes que descobri, depois de analisar e classificar as primeiras mil pessoas, foi que 95% delas não tinham um objetivo definido na vida. Nenhuma dessas pessoas que não tinham um objetivo definido foi bem-sucedida, e poucas estavam ganhando a vida satisfatoriamente.

Outra coisa surpreendente foi descoberta em conexão com esse fato, a saber, que a maioria daqueles que analisei logo viu, apenas preenchendo o gráfico de análise pessoal, a sua fraqueza por não ter um objetivo definido na vida e seu efeito em seu progresso.

Uma mulher, de excelente educação, culta e refinada, que achou por bem vagar de uma coisa para outra até estar fazendo uma limpeza doméstica comum, exclamou com júbilo: "Esse tem sido o meu problema por toda a minha vida!", ao chegar à seguinte questão no gráfico de análise pessoal: "Você tem um objetivo principal definido na vida e, em caso afirmativo, diga qual é em detalhes, quando e como espera alcançá-lo".

Essa mulher ficou tão entusiasmada com o "novo repertório de pensamento que essa questão havia desenvolvido em seu cérebro", como ela explicou, que insistiu em interromper a análise ali mesmo. Ela disse que não valia a pena analisar mais – que havia encontrado a sua fraqueza e a eliminaria prontamente e voltaria para me ver novamente.

Ela foi embora, e não tive notícias dela por quase um ano. Um dia, recebi dela um pacote contendo algumas amostras de seu trabalho. Ela havia se tornado escritora de textos publicitários especializados, e as amostras revelaram prontamente que ela havia escolhido a vocação certa. Ela está agora em uma das maiores agências do país. Não sei quanto recebe, mas ela me informou que em breve terá a sua casa própria quitada com as suas economias.

O melhor de tudo, ela acrescentou esta observação: "E eu estou mais feliz do que jamais pensei que uma pessoa poderia ser. Eu encontrei o meu lugar no mundo e o meu trabalho não é trabalho de jeito nenhum; é brincadeira, e eu adoro isso".

"E eu adoro isso" – essas palavras contavam toda a história.

Mas nem todos os casos são tão facilmente resolvidos quanto o dessa mulher com referência à escolha de um objetivo principal na vida. A maioria das pessoas está à deriva há tanto tempo que não apenas perdeu a esperança de encontrar o trabalho para o qual está mais apta, o trabalho que ama acima de tudo, mas também perdeu ou nunca desfrutou da necessária autoconfiança para seguir um trabalho assim quando descoberto.

Outra qualidade negativa que encontrei como um obstáculo no caminho de quase todos os que analisei é a falta de iniciativa. Eles nunca tinham visto a importância de fazer mais do que era exigido deles, ou de assumir a liderança de vez em quando.

O gráfico de análise pessoal que uso é organizado de forma a revelar prontamente se uma pessoa tem ou não autocontrole. A maioria daqueles que analisei carecia de autocontrole. Eles se deixavam levar por suas emoções e paixões, assim como as folhas que balançam com uma rajada de vento.

Entre todas as primeiras mil pessoas analisadas, encontrei apenas um indivíduo que exercia autocontrole suficiente para que permanecesse no emprego apesar de todas as circunstâncias desagradáveis que pudessem surgir no dia a dia para fazê-lo querer pedir demissão.

A propósito, esse homem agora ocupa um dos cargos mais importantes em uma grande siderúrgica. Na época dessa análise, ele trabalhava na mesma empresa, como operário nas usinas.

A principal razão pela qual a falta de autocontrole impede o sucesso é que a pessoa que não o tem irá "revidar" cada um que a ofender, ficará com raiva de cada obstáculo que encontrar em seu caminho, fará comentários que lhe renderão a inimizade de seus colegas de trabalho e empregadores, ou do público a quem ela serve, ganhando assim uma série de inimigos que finalmente tornam o seu sucesso impossível.

Nenhum homem é desejado em qualquer posição se lhe faltar o autocontrole, que é essencial para cativar as pessoas e fazer com que gostem dele. Uma pessoa pode ter todas as qualidades técnicas essenciais para o sucesso em determinado campo de trabalho, mas, a menos que controle o seu temperamento, está fadada ao fracasso. Isso não é mera pregação, lição de moral ou hipótese. Estou repassando a você o que foi revelado por testes reais e análises criteriosas. Na verdade, o principal valor deste artigo é que ele se baseia em fatos autênticos, obtidos por meio de análises e classificações científicas precisas em mais de dez mil casos.

Outra tendência desagradável e destrutiva dos que carecem de domínio próprio é a de caluniar o próximo. Minha experiência no trabalho de análise pessoal fez mais para refrear a minha própria língua do que qualquer coisa que já me aconteceu, porque me mostrou qual é o destino de todos os que caluniam alguém, não importa qual seja o motivo para fazê-lo.

Eu tocaria em uma pessoa com lepra com a mesma rapidez com que entraria no mausoléu da família de alguém e arrastaria para fora o esqueleto de seu parente ou o caluniaria de qualquer maneira, com ou sem motivo. Em um caso, a morte física seria certa; no outro, uma morte mais temida seria tão certa quanto – a morte moral!

Outra descoberta surpreendente que fiz foi a tendência comum entre homens e mulheres a se odiarem por causa das diferenças de crença religiosa, política, raça e coisas do gênero. A falta de tolerância se manifestou em quase todos os casos que analisei, e isso teve um efeito marcante em manter a pessoa na pobreza e no fracasso.

OS MAIORES FATOS APRENDIDOS DA ANÁLISE DA PERSONALIDADE

Provavelmente, a maior verdade que descobri em meu trabalho de análise pessoal foi o fato de que a maioria dos analisados não havia compreendido o princípio subjacente à prática de prestar um serviço melhor e mais amplo do que o que estava sendo realmente pago para prestar.

O presidente de uma escola por correspondência me contratou para analisar os seus funcionários. Ele ficou tão impressionado com a informação divulgada em relação a essa fraqueza comum de dar o mínimo possível e exigir o máximo possível que me chamou em seu escritório e informou que os seus funcionários não eram os únicos em sua organização que eram culpados por essa fraqueza; que a própria escola havia cometido o mesmo erro, e, em decorrência dos fatos revelados, ele pretendia rever o seu sistema educacional, não apenas prestando a seus alunos um serviço mais amplo e melhor pelo qual eles estavam pagando, mas indo além e transmitindo esse mesmo pensamento aos alunos, por meio de uma aula especialmente elaborada para esse fim, para que eles, por sua vez, também prestassem esse tipo de serviço.

Dos dez mil homens e mulheres que analisei, nunca soube de uma única pessoa que tenha sido bem-sucedida ao prestar menos serviço e de pior qualidade do que o contratado.

Um jovem que analisei certa vez trabalhava como estenógrafo nos escritórios da Pennsylvania Railroad Company. Ele tinha uma análise muito boa, com uma exceção. Ele disse: "Não, eu não acredito em prestar um serviço melhor e mais amplo do que se está sendo pago para prestar, porque a minha experiência com a empresa ferroviária me ensinou que isso não compensa. Eles manterão um homem em um emprego até que ele fique grisalho, se ele apenas fizer bem o seu trabalho".

Eu nunca tinha visto esse jovem, mas as fotos que ele enviou com o seu gráfico de análise pessoal revelaram que era um belo espécime, com uma testa larga e um queixo e mandíbula extraordinariamente grandes; o tipo positivo, agressivo e lutador.

Em vez de relatar sua análise por carta, como era meu costume fazer em casos fora da cidade, escrevi ao jovem e pedi-lhe que viesse pessoalmente a Chicago para uma visita. Ele chegou em um domingo de manhã, e eu o encontrei em minha casa.

Contei a ele uma pequena história, depois que ele estava confortavelmente sentado na biblioteca, como segue:

"Eu trouxe você de Pittsburgh para lhe contar esta pequena história, com a esperança de que valerá mais para você do que qualquer coisa que já aconteceu em sua vida." Seu rosto se iluminou e seus olhos brilharam de expectativa enquanto eu prosseguia.

"Certa vez, conheci um jovem que trabalhava em uma mina de carvão. O seu trabalho era o de ajudante, era o menino da água. Depois de fazer as rondas com o balde d'água, ele ia até a bica e ajudava os condutores a atrelarem as mulas às carroças vazias que deveriam ser rebocadas de volta às minas, enquanto os condutores descarregavam as carroças.

"Um dia, o presidente da empresa proprietária das minas apareceu, viu esse jovem e perguntou quem havia lhe dado o emprego de condutor. O rapaz respondeu: 'Ninguém me deu – eu só faço esse trabalho para me manter ocupado enquanto não estou carregando água'.

"Ele perguntou ao rapaz quanto ele estava ganhando por aquele trabalho extra, ao que ele respondeu: 'Nada! Eu gosto de fazer isso!'.

"Agora, pode interessar a você saber que o presidente daquela empresa de carvão tirou esse rapaz das minas, deu-lhe um emprego no escritório e providenciou para que ele frequentasse a escola noturna. Hoje ele é conhecido em todos os países de língua inglesa do mundo e é reconhecido como um dos principais homens em sua área de trabalho, tudo porque estava disposto a fazer mais do que era pago para fazer."

Os olhos do jovem voltaram-se para o chão. Ele pensou por alguns segundos, então ergueu os olhos com um sorriso no rosto e disse: "Entendi o apelo! Voltarei a Pittsburgh e farei uso desse ponto de vista".

Hoje esse jovem ocupa um dos cargos de maior responsabilidade em um dos grandes frigoríficos do país. Convencido de que o negócio ferroviário oferecia oportunidades limitadas para colocar em prática o hábito de prestar um serviço melhor e mais amplo do que estava sendo realmente pago para prestar, mudou de emprego e foi com interesse aonde achava que tal serviço seria mais rapidamente reconhecido. Sua ascensão foi rápida. Ele atribui o seu sucesso inteiramente a esse único ponto de virada em sua vida.

A análise de personalidade é o trabalho mais interessante do mundo. Ela revela os destaques da natureza humana e mostra claramente as características que destroem e também as que edificam.

Ela toca um dos estudos mais interessantes do mundo – o estudo do homem!

Depois de analisar alguns milhares de homens e mulheres, aprendi a classificar as pessoas quanto a certas tendências apenas por sua aparência pessoal, pelas linhas do rosto, entre outras coisas, antes de examinar os seus gráficos de análise.

Como exemplo das características que indicam as tendências de alguém, deixe-me citar este caso:

Certa vez, analisei um homem a quem apontei a sua principal fraqueza antes que ele se sentasse em meu escritório e antes de falar mais de uma dúzia de palavras. Quando ele se anunciou, disse em voz baixa, como se pedisse desculpas: "Perdoe-me por interromper, mas eu gostaria de saber se você sabe por que não progrido em meu trabalho".

Eu olhei para o homem. Ele estava de pé com a boina nas mãos e com uma expressão no rosto que mostrava claramente a sua falta de agressividade e autoconfiança. Ele até se desculpou por estar no meu escritório. Isso não exigia uma análise muito profunda para ver que todos os que desejassem poderiam montar naquele sujeito e tirar vantagem dele em todas as ocasiões.

Quando ele se sentou, eu respondi à sua pergunta dizendo: "Sim, eu posso lhe dizer uma razão pela qual você não progride, e é porque você permite que as pessoas o subjuguem".

Rapidamente ele perguntou: "Minha esposa tem lhe falado sobre mim?".

Eu disse que nunca tinha visto a esposa dele e nem sequer sabia o seu nome; que respondi à sua pergunta com base no que vi escrito em seu rosto, na pergunta que ele fez, no tom com que a fez e em seu comportamento geral, tudo indicando claramente que ele permitia que as pessoas se aproveitassem dele à vontade.

Ele admitiu que meu "palpite" era bom.

Mas isso não era um palpite. Existem certas tendências tão claramente escritas no rosto, na voz e no porte pessoal do corpo que todos os que quiserem podem analisar e ler.

Na análise da personalidade, dirijo minhas recomendações em grande parte pela lei de causa e efeito. Sei quais são as principais causas do fracasso e descobri como essas causas podem ser substituídas por outras mais desejáveis que garantem o sucesso.

É um processo comparativamente simples analisar e determinar quais causas negativas específicas estão no caminho de uma pessoa, e quando essa análise é feita e as causas negativas são substituídas por positivas, o resultado inevitável é uma mudança também no efeito, do fracasso para o sucesso.

Outra coisa que descobri com a análise da personalidade é que, na maioria dos casos, apenas uma pequena mudança é necessária para substituir o fracasso pelo sucesso.

Não há dois casos que possam ser tratados exatamente da mesma maneira. Normalmente, no entanto, algum método mais ou menos espetacular deve ser empregado para despertar uma pessoa o suficiente para fazê-la "quicar" do hábito negativo que está entre ela e o sucesso.

Raramente basta apenas dizer à pessoa o que está errado e como corrigi-lo. Algum paralelo revelador deve ser traçado, algum caso citado, alguma ilustração usada que revele a ela suas próprias fraquezas, mostrando-lhe a mesma fraqueza em outra pessoa. A razão para isso é simples; é porque a maioria de nós se recusa a encarar os fatos que dizem respeito a nós mesmos, a menos que esses fatos sejam agradáveis.

Fiz vários inimigos permanentes e um número consideravelmente maior de inimigos temporários analisando homens e mulheres e contando-lhes francamente o que a análise revelou, o que, lembro-me de declarar, me deu outra visão da natureza humana, a saber, que a maioria de nós ama lisonjas, mas raramente ouve a verdade sem ressentimento se ela não apelar para a nossa vaidade.

Certa vez, veio me ver um homem que queria mudar de profissão para agradar a esposa. Ele era carpinteiro e trabalhava no ofício havia dez anos. Ele se saiu muito bem, tendo economizado o suficiente para construir a própria casa. Mas a esposa achava que carpintaria não era o trabalho para ele, então ela o incentivou a fazer "algo mais digno".

Sua análise mostrou que ele estava empenhado no trabalho mais adequado para ele, com a possível exceção de que poderia ter avançado para a construção civil, ganhando assim mais dinheiro e ainda aproveitando os seus anos de experiência sem mudar totalmente de ramo.

Em minha análise, falei bem claramente sobre as mulheres que, por orgulho, tentam incitar um homem a largar o trabalho que lhe deu a vida e pular, sem preparação, para algo em que lhe falta experiência e para algo que não deseja. A minha franqueza o irritou. Ele foi embora e eu não tive notícias dele por várias semanas. Uma tarde, sua esposa veio me ver. Ela disse que ele voltou para casa e contou a ela, palavra por palavra, o que eu havia dito. A princípio, ela ficou zangada, mas, quando se acalmou e refletiu sobre o assunto, ela viu o motivo da minha recomendação e também instou o marido a permanecer em sua atividade, mas fazer um pequeno contrato de empreitada para ver como se saía com isso.

Ele havia acabado de fechar seu primeiro contrato, e foi o resultado que a trouxe ao meu escritório. Ele tinha ganhado pouco mais de US$ 1.100 no trabalho e agora estava envolvido em negócios com um conhecido empreiteiro e construtor que tinha um empreendimento em andamento. Ambos estavam felizes e tudo estava adorável.

Alguns vão embora sem voltar. Talvez a minha franqueza os tenha servido, talvez não. De qualquer forma, acredito que a verdade, mesmo que doa, é o que uma pessoa deve ter ao considerar uma mudança de emprego ou assumir um emprego para a vida toda.

O trabalho de uma pessoa ocupa seis dias de cada sete. Se esse trabalho traz felicidade e sucesso, tudo bem. Mas, se não traz, então seis sétimos da vida dessa pessoa são desperdiçados.

Espero ver chegar o tempo em que cada escola pública mapeará e analisará cuidadosamente cada aluno que passar por ela, recomendando, no final do curso, o trabalho ao qual o aluno deve dar preferência. Acredito que chegará o tempo em que esse tipo de serviço será tão fortemente exigido que será prestado.

Seria impossível ser 100% perfeito nessas análises devido ao espírito jovial das crianças, mas elas formariam a base sobre a qual uma análise mais precisa poderia ser feita depois que a criança tivesse trabalhado o suficiente para revelar suas inclinações naturais.

Com o sistema simples que usei em meu trabalho de análise de personalidade e testes de análise pessoal, garantiria um grau razoável de sucesso em todos os casos analisados se minhas recomendações fossem seguidas, desde que a pessoa analisada tenha idade madura e tenha tido a oportunidade de experimentar tipos de trabalho suficientes para trazer à tona tendências naturais e habilidades inerentes.

February, 1920

HILL'S Golden Rule

Edited by
NAPOLEON HILL

For Those Who Think and Want to Grow

A BUSINESS MAGAZINE of a different kind.

¶ A magazine that will help you to get what you want. A magazine that will inspire you to bigger and better things.

¶ The two little dimes you invest in this copy ***may mark the turning point in your career.***

THIS MAGAZINE CONTAINS NO FICTION

20 Cents a Copy

THIS ISSUE—45,000

Capítulo XI

SUCESSO

A maioria de nós está pedindo por sucesso sem as dificuldades habituais que vêm com ele. Queremos o sucesso com o menor esforço possível.

Não seria bom definir o sucesso como o entendemos e escrever uma descrição dele como um dos itens de nossa lista de realizações esperadas para o próximo ano?

Não sei qual é a sua definição do termo *sucesso*, mas se eu puder impor a minha própria definição a você, eu o faria da seguinte forma:

O sucesso é a soma total dos atos e pensamentos de uma pessoa que, devido à sua natureza positiva e construtiva, trouxe felicidade e bom ânimo para a maioria daqueles com quem se associou no passado e para a maioria daqueles com quem se relacionará no próximo ano.

Você não pode trazer felicidade, bom humor e luz para a vida daqueles com quem se associa e não ter sucesso. Nem pode trazer sofrimento, desânimo e infelicidade para as outras pessoas e ser um sucesso.

Se você faz as outras pessoas sorrirem quando está por perto; se carrega consigo aquela personalidade brilhante, vibrante e dinâmica que alegra as pessoas quando está por perto; se fala e pensa nas belezas da vida e convence as outras pessoas a fazerem o mesmo; se eliminou o cinismo, o ódio, o medo e o desânimo de sua própria natureza e preencheu o lugar deles com um amor saudável por toda a humanidade, então você será um sucesso!

O dinheiro não é evidência de sucesso. Ele pode ser, de fato, indício de fracasso, e será se a felicidade e a boa vontade não o acompanharem ao longo do processo pelo qual foi acumulado.

Valorizo, mais do que todas as riquezas do mundo, o prazer – a alegria emocionante –, a felicidade e o contentamento que recebi como resultado da oportunidade que tive durante o ano passado de servir a meus semelhantes por meio das páginas desta revista.

Poderia qualquer quantia de dinheiro comprar tal prazer?

Não! Mil vezes, não! O prazer vem de fazer, e não de adquirir! Essa é uma lição que algumas pessoas parecem nunca aprender, no entanto, é uma verdade.

O caminho para aquilo que chamamos de sucesso leva apenas em uma direção, que passa direto pelo grande campo do serviço humano. Qualquer estrada que leve em outras direções não pode alcançar o sucesso.

Pretendo tentar ser mais feliz este ano do que fui no ano passado; não por "adquirir" mais bens mundanos, embora eu pudesse tirar proveito disso, mas por servir a mais pessoas por meio desta revista e por trazer maior felicidade aos membros de minha família e aos meus amigos.

Se não podemos melhorar a nossa medida de sucesso dessa maneira, então não sabemos como fazê-lo!

De forma alguma recomendo que alguém desista da busca pelo dinheiro como um meio de encontrar sucesso e felicidade, mas recomendo fortemente que ninguém dependa inteiramente do poder do dinheiro para ter sucesso.

Eu nunca tive dinheiro suficiente para desistir de tentar prestar um serviço, mas alguns que conheço tiveram, e o resultado não foi o que eu chamo de sucesso.

UMA SUGESTÃO AOS MINISTROS DO EVANGELHO

Senhores do ministério, a imaginação é uma coisa maravilhosa!

Foi a imaginação que levou Colombo a embarcar – em um mar desconhecido – em uma das viagens oceânicas mais perigosas de toda a história.

Foi a imaginação que permitiu a Thomas Jefferson escrever um dos documentos mais louváveis já colocados no papel – a Declaração de Independência.

Foi a imaginação que imortalizou as obras de Lincoln e Washington.

Foi a imaginação que criou o automóvel, o avião, a colheitadeira, o raio X, a prensa tipográfica, a máquina de escrever, a locomotiva e todas as outras grandes máquinas do homem produzidas no mundo mecânico.

Foi a imaginação que levou Franklin a enviar a sua pipa para as nuvens e descobrir que o raio não era nada além de eletricidade – uma grande força que o homem poderia dominar e usar em vez de ser uma força pela qual Deus punia os ímpios por seus pecados.

Tudo o que o homem criou no mundo físico, cada máquina que construiu, cada casa que construiu, cada livro que escreveu, foi criado primeiro em sua mente, por meio de sua imaginação.

Senhores, vocês têm uma ótima oportunidade para usar a sua imaginação!

Vocês estão no limiar do alvorecer de uma nova era no progresso humano. A guerra brutal que acaba de terminar marcou uma virada na história da raça humana. Agora é a hora, em meio a todo esse tumulto, conflito e caos, de tomar posse do coração da humanidade e trazer as ovelhas errantes de volta ao rebanho.

Nunca houve um tempo em que a igreja pudesse fazer mais pelo mundo do que agora, porque o mundo está em desordem e a humanidade está apreensiva, sem saber para onde se virar ou que líder seguir.

É aqui que a sua imaginação entra em ação! E, se vocês fizerem o uso mais eficaz dessa coisa maravilhosa chamada imaginação, sem dúvida verão que o que o mundo precisa agora é de um tipo de religião prática, terrena e humana – uma religião que um homem pode usar em sua bancada de trabalho, na loja, no comércio, no escritório, seis dias por semana.

Se vocês desejam salvar as almas dos homens, não seria um passo na direção certa ajudá-los primeiro a se orientarem corretamente aqui na Terra, em suas relações comerciais uns com os outros?

Em toda essa agitação, os homens parecem ter enlouquecido com o desejo de tomar algo uns dos outros. O espírito de *obter*, sem *dar* um equivalente justo de bens ou serviços, nunca prevaleceu tanto como agora.

Empregadores e empregados brigam entre si como se fossem animais selvagens em vez de homens civilizados.

Eles estão exigindo a "parte que lhes cabe" sem pensar no sangue vital que se derrama com essa "parte".

Vocês, senhores do ministério, têm uma poderosa influência sobre os seus seguidores e, se usarem a sua imaginação, poderão obter uma poderosa influência sobre alguns que agora não podem ser classificados como seus seguidores, isso se exercitarem a coragem de se livrar dos costumes, desconsiderar os precedentes e lidar com esse espírito de inquietação terrena de uma maneira *terrena* e prática.

Vocês podem fazê-lo, senhores!

A igreja sempre foi a esperança do mundo. Ainda é a única prancha flutuante no mar selvagem do conflito humano na qual os homens podem buscar resgate. Mas lembremo-nos, senhores, de que estes são tempos anormais, portanto medidas incomuns são necessárias.

A principal coisa de que o mundo precisa agora é a harmonia entre os homens! Com a harmonia crescerá a cooperação amigável. O lugar para começar esse espírito de harmonia está no coração humano de cada um. Subam aos seus púlpitos, senhores, e digam a seus merceeiros, seus advogados, seus médicos, seus mecânicos, seus operários e a todos os trabalhadores do outro mundo que eles devem se acertar uns com os outros em seus negócios individuais diários!

Independentemente de sua teologia, há um dever que vocês devem cumprir agora, e esse dever é ajudar os seus seguidores a superar o espírito de ganância ao qual eles foram levados durante o conflito mundial.

Se não fosse pelo trabalho que os senhores fizeram ao longo dos tempos, a raça humana provavelmente ainda estaria comendo carne crua, vivendo em cavernas e agindo como animais selvagens.

Vocês desenvolvem constantemente o lado espiritual da raça humana, que tem sido sua salvação, mas não é possível que mesmo o lado espiritual de um homem possa ser alcançado por meio de seus desejos materiais?

Mostre a seus seguidores o desatino econômico de obter sem dar! Mostre-lhes o que significa uma aplicação prática da filosofia da Regra de Ouro. Mostre-lhes que é literalmente verdade – tanto nos negócios quanto em qualquer outro relacionamento humano – que "tudo o que o homem semear, isso também ceifará".

A oportunidade está batendo à sua porta, senhores do ministério! Ela pede que vocês a recebam de braços abertos, e me parece que seu pedido é mais cordial do que nunca.

Você pode agora, em toda essa incerteza, em toda essa convulsão, em todo esse tumulto, alcançar o coração dos homens que, em outras circunstâncias, não dariam atenção ao seu chamado.

A igreja tem sido a salvação do mundo, e desejo vê-la reivindicar a sua plena recompensa, enquanto o momento é subjetivo.

Se vocês já jogaram o temor de Deus no coração de um homem, e se vocês acreditam nesse método de aliviar a raça humana de suas características mais básicas, agora é a hora de lançar esse medo no coração do homem que deliberadamente, por sua conta, provoca contendas entre patrão e empregados, e que anda pelo país "agitando e incitando os outros à ira, a fim de lucrar com sua discordância".

Vocês estão em posição de desferir um golpe de cem milhões de toneladas contra esse mal. Vocês farão isso?

O SUCESSO FINANCEIRO É PERIGOSO

O sucesso financeiro traz poder, e o poder é uma coisa perigosa para aqueles que não aprenderam a usá-lo com justiça e sabedoria.

Um grande poder financeiro tem decidida tendência a desenvolver intolerância e desrespeito pelos direitos das outras pessoas.

Quando você começar a ter sucesso financeiro, precisará observar os seus passos mais de perto do que nunca.

O sucesso financeiro muitas vezes sufoca os impulsos mais sutis do coração humano e leva uma pessoa à adoração do deus da riqueza!

É a exceção, e não a regra, quando um homem que acumula grande poder financeiro, sem ter provado generosamente da escória da pobreza, usa esse poder com sabedoria.

O sucesso real não pode ser medido em dinheiro. É algo que só pode ser medido pela amplitude e qualidade do serviço que se presta para o bem das outras pessoas.

Se o poder financeiro tira o desejo de prestar um serviço útil, então ele pode ser interpretado corretamente como fracasso, em vez de sucesso.

Não sei ao certo, mas suspeito fortemente que o único sucesso real é aquele que traz felicidade para si mesmo e para as outras pessoas. Também suspeito que a única forma segura de alcançar a felicidade é por meio de algum tipo de serviço útil que ajude outras pessoas a encontrarem a felicidade. O poder financeiro nem sempre faz isso.

Preste atenção quando você começar a acumular mais dinheiro do que precisa para o seu uso diário. Cuide para que não cegue os olhos para o único caminho seguro para o verdadeiro sucesso, que é a prestação de serviço útil para o bem da humanidade.

A REGRA DE OURO COMO ARMA NOS NEGÓCIOS!

Parece ridículo referir-se à Regra de Ouro como uma "arma", mas é exatamente isso – uma arma que nenhuma resistência no mundo pode suportar!

A Regra de Ouro é uma arma poderosa nos negócios, porque há pouca concorrência em sua aplicação.

No momento em que este livro foi escrito, o mundo inteiro parecia ter entrado no negócio de "lucrar", que significa o mesmo que "receber sem dar um valor justo em troca".

Esse espírito de ganância não pode prevalecer por muito tempo. Que oportunidade, então, para os homens perspicazes que adotarão a Regra de Ouro como seu lema de negócios agora. O contraste seria tão perceptível que provocaria comentários generalizados e traria todos os negócios possíveis, e muito depois de os aproveitadores terem saído do mercado, aqueles que aplicaram a Regra de Ouro descobririam que haviam "construído suas casas sobre uma pedra fundamental".

Que oportunidade gloriosa os sindicatos trabalhistas têm de cavalgar para a vitória – vitória permanente, lucrativa e sem derramamento de sangue – apenas aplicando a Regra de Ouro e fazendo dela o seu lema. O trabalho sindical será grande o suficiente para ver essa oportunidade e utilizá-la? Que oportunidade a situação atual oferece a algum homem nas fileiras do trabalho para ascender à liderança, não apenas do trabalho organizado, mas para a liderança mais alta e responsável que o povo americano tem a oferecer, influenciando o trabalho para conduzir os seus negócios sob a filosofia da Regra de Ouro. Não há situação no mundo que não ofereça uma esplêndida oportunidade para alguém se beneficiar do uso da Regra de Ouro.

Não está muito distante o tempo em que será suicídio tentar conduzir os negócios sob qualquer outro padrão que não seja a Regra de Ouro. Esse fato é tão óbvio que me parece conveniente para os sábios entrarem na linha agora e, assim, obter crédito por algo que mais tarde terão de fazer de qualquer maneira.

Adote a Regra de Ouro como lema e escreva-a no papel timbrado de sua empresa e em todos os anúncios que publicar. Ela vai recompensá-lo generosamente.

MAIS MISERICÓRDIA E MENOS JUSTIÇA

Em todo o Universo, há uma tendência de "revidar". Olho por olho e dente por dente é a prática.

Talvez seja necessário retirar a "justiça" para homens que cometem erros; talvez seja adequado para a "lei" exigir a parte que lhes cabe. Mas marque isso como uma coisa certa – a Lei de Talião está sempre e em qualquer lugar no processo.

Os homens "revidam" em espécie, tão certamente quanto o sol nasce no Leste e se põe no Oeste. Não faz diferença se a lei distribui "justiça"; aqueles a quem ela é distribuída "revidarão" em espécie tão certamente quanto um mestre à frente deste Universo.

Se isso é uma verdade, não seria bom moderar a justiça com misericórdia? Não seria bom fazer com que a punição se ajustasse ao errante em vez do crime?

"O povo" continuará a perseguir o homem infeliz que cometeu um erro, fixando firmemente em seu coração uma determinação de "revidar", ou algum dia as pessoas aprenderão que a misericórdia e a bondade despertam no coração humano o desejo de revidar na mesma moeda?

Em uma cidade do centro-oeste, há um indivíduo sedento de sangue que representa o povo como advogado assistente do estado. Ele se orgulha do número de condenações em seu crédito, como o caçador se gabaria de suas peles. Quando vai diante de um júri para falar em defesa da vida de um homem ou de sua liberdade, ele adequadamente usa uma gravata vermelha, como um símbolo de sangue e de punição.

É de se estranhar que o registro de crimes dessa cidade esteja acima de todo o resto? É de se admirar que essa cidade tenha a reputação de ser uma das piores cidades do mundo?

Retaliação, irmão, retaliação!

Não é a justiça que precisamos que habite largamente em nossos tribunais de prática criminal; é a misericórdia. Declare a justiça não para o homem ou a mulher que é capaz de cometer erros, mas para o criminoso confirmado. Quando você exige a parte que cabe a um homem que apenas cometeu um erro, corre o risco de fazê-lo "revidar" com tanta força que ele pode se tornar um criminoso.

AMERICANOS UNIDOS

Por mais de quatrocentos anos, os Estados Unidos têm sido o único território nesta velha bola de lama que ofereceu refúgio ao povo oprimido de todos os outros países da Terra!

A América está hoje como a anfitriã disposta a todos que buscam o seu abrigo, independentemente de suas visões políticas, religiosas ou econômicas.

Algumas pessoas vieram às nossas costas para fins egoístas. Elas estão mantendo uma propaganda sistemática e sutil com o objetivo de provocar conflitos e agitação.

Agora esses agitadores antipatrióticos, egoístas e ignorantes estão empenhando todos os esforços possíveis para obter o controle do trabalho sindicalizado e persuadir as frentes e fileiras de trabalho a destruir em vez de construir.

Dano suficiente já foi causado para desfazer praticamente todo o trabalho construtivo que os sindicatos têm feito nos últimos trinta anos.

Nenhum país civilizado tolerará a regra da multidão por muito tempo, e qualquer indivíduo ou conjunto de indivíduos que permita que o espírito da multidão prevaleça permanentemente perderá o respeito da grande classe média.

A mão de obra organizada está sofrendo um retrocesso corrosivo que acabará devorando o que é vital se não eliminar a causa. A causa é um revolucionário "comedor de fogo" que está usando o trabalho como uma pata de gato com a qual quer derrubar a sociedade organizada e as instituições democráticas.

O esforço se mostrará à altura da situação e eliminará essa sanguessuga que está tirando a sua força vital, ou permanecerá em silêncio e finalmente afundará no esquecimento? O trabalho sindicalizado precisa de conselhos sóbrios, sábios e serenos, como nunca precisou antes. Sem isso, a causa do trabalho em breve será considerada paralela à anarquia, revolução e absoluta ilegalidade.

Quem entre os líderes trabalhistas será o primeiro a ver esse perigo e evitá-lo?

ENTUSIASMO

O entusiasmo é uma das qualidades mais desejáveis. Cativa as pessoas e faz com que elas cooperem com você.

O entusiasmo é a faísca que desperta o poder adormecido alojado em seu cérebro e o coloca em ação.

O entusiasmo é um antídoto seguro para a preguiça e a procrastinação; é a mola propulsora que mantém a sua máquina mental em ação.

O entusiasmo supera o desânimo e gera esperança, autoconfiança e coragem. O entusiasmo estimula o fígado e o põe para trabalhar, ajudando-o a cumprir a sua função vital de limpar o sangue.

O entusiasmo desperta todo o seu ser e faz com que você transforme os seus sonhos em realidade!

Se você não está entusiasmado com o seu trabalho, você não o ama. Portanto, está tentando realizar um trabalho para o qual não está preparado.

O entusiasmo é contagiante. Inconscientemente, você o transmite àqueles com quem entra em contato e os leva a agir e pensar como você.

Uma pessoa entusiasmada, quando guiada por um senso de justiça com as outras pessoas, geralmente é um grande trunfo em qualquer organização, empresa, família ou comunidade.

Você é uma pessoa com entusiasmo?

DOIS HOMENS DE UMA PERNA!

Na cidade de Wichita Falls, no Texas, vi um homem de uma perna só sentado na calçada pedindo esmola.

Algumas perguntas trouxeram à tona o fato de que ele teve uma educação satisfatória. Ele disse que mendigava porque ninguém lhe dava trabalho. "O mundo está contra mim, e eu perdi a confiança em mim mesmo", disse ele.

Ah, aí estava o problema: "Eu perdi a confiança em mim mesmo".

Do outro lado do corredor do meu escritório está outro homem de uma perna só. Eu o conheço há vários anos e sei que a sua escolaridade foi mínima. Ele tem menos estudo do que o mendigo de uma perna só.

Mas ele ganha mil dólares por mês. Como gerente de vendas de uma divisão de fábrica, ele dirige o trabalho de cinquenta homens.

O mendigo exibiu o toco da perna amputada como prova de que precisa de esmola. O outro perneta cobriu o toco da perna perdida para não chamar a atenção.

A diferença entre os dois homens existe apenas no ponto de vista de cada um. Um acredita em si mesmo, e o outro, não. Aquele que acredita em si mesmo pode abrir mão da outra perna e dos dois braços e ainda ganhar mil dólares por mês. Ele poderia até abrir mão dos olhos e ainda assim ganhar o dinheiro.

O mundo nunca o derrota até que você derrote a si mesmo. Milo C. Jones, famoso por sua empresa, a Little Pig Sausage, tornou-se um homem rico do ramo de linguiças depois que a paralisia o privou do uso de quase todos os músculos de seu corpo. Ele não conseguia se virar na cama sem ajuda.

Enquanto você tiver fé em si mesmo e essa sua mente maravilhosa continuar a funcionar corretamente, você não pode ser derrotado em nenhum empreendimento legítimo. Essa afirmação é feita sem ressalvas, porque ela é verdadeira.

SCIENCE OF SUCCESS

LESSON TWO

The Master Mind

NAPOLEON HILL ASSOCIATES

A Division of W. CLEMENT STONE ENTERPRISES, Chicago 40, Illinois

Capítulo XII

QUESTIONÁRIO DE PERFIL DE SUCESSO PESSOAL

Os dezessete princípios de realização pessoal a seguir foram responsáveis pelo sucesso dos líderes mais notáveis do mundo.

O sucesso é uma ciência, e *você* pode aprender os seus segredos, independentemente de sua atual ocupação, ambiente ou residência.

Você pode ser um empresário bem-sucedido e altamente considerado agora, ou pode ser um operário de fábrica mal pago. Pode morar em uma cidade grande ou em uma fazenda a quilômetros da cidade mais próxima; isso não faz diferença.

O mais importante é que você responda *honestamente* a essas 75 perguntas se quiser ter sucesso. As respostas revelarão você, o você verdadeiro, como um indivíduo totalmente diferente de qualquer outra pessoa na Terra. As respostas formam uma análise minuciosa sua e de suas ambições; elas fornecerão a você fatos sobre si mesmo que o surpreenderão.

Depois de responder às perguntas, marque suas respostas conforme está explicado no final e, em seguida, some a pontuação para descobrir sua classificação.

1. **Definição de propósito**

a. Você já se decidiu sobre o seu objetivo principal na vida? S N

b. Você definiu uma data para atingir essa meta? S N

c. Você tem um plano específico para alcançar o seu objetivo na vida? S N

d. Você determinou quais benefícios principais o seu objetivo na vida lhe trará? S N

2. **Aliança de MasterMind**

a. Outras pessoas estão ajudando você a atingir o seu objetivo na vida? S N

b. Você acredita que uma pessoa pode ter sucesso na vida sem a ajuda de outras pessoas? S N

c. Você acredita que pode facilmente ter sucesso em sua ocupação se tiver a oposição de seu cônjuge ou de outros membros de sua família? S N

d. Existem certas vantagens quando um empregador e um empregado trabalham juntos em harmonia? S N

e. Você sabe como o princípio da aliança de MasterMind faz dos Estados Unidos o país mais rico do mundo? S N

3. **Fé aplicada**

a. Você tem fé na Inteligência Infinita? S N

b. Você tem confiança em sua capacidade de fazer qualquer coisa que deseja? S N

c. Você tem confiança na forma de governo? S N

d. Você está totalmente livre de todos estes sete medos básicos: Medo da POBREZA; Medo da CRÍTICA; Medo de PROBLEMAS DE SAÚDE; Medo da PERDA DO AMOR; Medo da PERDA DA LIBERDADE; Medo da VELHICE; Medo da MORTE? S N

4. Caminhar a milha a mais

a. Você tem o hábito de prestar um serviço mais amplo do que é pago para prestar? S N

b. Você acredita que há momentos em que um funcionário faz isso? S N

c. Você conhece alguém que alcançou o sucesso em qualquer vocação sem fazer mais do que foi pago para fazer? S N

d. Você acredita que alguém tem o direito de pedir um aumento de salário a menos que esteja fazendo mais do que é pago para fazer? S N

e. Se você fosse um empregador, ficaria satisfeito com o serviço que está prestando agora como empregado? S N

5. Personalidade agradável

a. Você tem hábitos que ofendem as outras pessoas? S N

b. Você é querido por aqueles com quem trabalha? S N

c. Você consegue despertar o interesse das pessoas ao falar em público? S N

d. Há momentos em que você parece entediar as outras pessoas? S N

6. **Iniciativa pessoal**

a. Você planeja o seu próprio trabalho todos os dias? S N

b. Você precisa que alguém planeje o seu trabalho para você? S N

c. Você tem certas qualidades notáveis que outras pessoas não têm em sua área de trabalho? S N

d. Quando os seus planos falham, você "desiste"? S N

e. Você já criou planos melhores para fazer o seu trabalho com mais eficiência? S N

7. **Atitude mental positiva**

a. Você sabe o que significa uma atitude mental positiva? S N

b. Você pode controlar a sua atitude mental à vontade? S N

c. Você sabe qual é a única coisa sobre a qual você tem total poder de controle? S N

d. Você sabe como detectar uma atitude mental negativa nas outras pessoas? S N

e. Você tem um método para desenvolver o hábito de uma atitude mental positiva? S N

8. **Entusiasmo**

a. Você é conhecido como alguém entusiasmado? S N

b. Você pode controlar o seu entusiasmo aplicando-o na execução de seus planos? S N

c. O seu entusiasmo às vezes comanda o seu julgamento? S N

9. Autodisciplina

a. Você segura a sua língua quando está com raiva? S N

b. Em uma discussão acalorada, você fala antes de pensar? S N

c. Você perde a paciência com facilidade? S N

d. Você é equilibrado o tempo todo? S N

e. Você permite que as suas afeições influenciem o seu julgamento? S N

10. Pensamento preciso

a. Você sente o dever de aprender o que as outras pessoas sabem em conexão com a sua ocupação e que pode ser valioso para você? S N

b. Você expressa "opiniões" sobre assuntos com os quais não está familiarizado? S N

c. Você sabe como adquirir informações relacionadas a qualquer assunto em que esteja interessado? S N

11. Atenção controlada

a. Você concentra todos os seus pensamentos no que quer que esteja fazendo? S N

b. Você é facilmente influenciado a mudar os seus planos ou a sua decisão? S N

c. Você fica inclinado a abandonar os seus objetivos e planos quando encontra oposição? S N

d. Você se interessa por outras pessoas e seus planos com a mesma rapidez com que se relaciona consigo mesmo e com as suas próprias ideias? S N

12. Trabalho em equipe

a. Você se dá bem com as outras pessoas em todas as circunstâncias? S N

b. Você concede favores tão livremente quanto os pede? S N

c. Você tem discordâncias contínuas com outras pessoas sobre certos assuntos? S N

d. Você acredita que há vantagens na cooperação amigável com aqueles com quem trabalha? S N

e. Você está ciente dos danos que pode causar a si mesmo e aos seus colegas de trabalho por não cooperar com eles? S N

13. Aprendendo com a adversidade e a derrota

a. A derrota faz com que você pare de tentar? S N

b. Se você falha em determinado esforço, você começa de novo com um novo plano? S N

c. Você acredita que uma derrota temporária pode se tornar um fracasso? S N

d. Você aprendeu alguma lição com a derrota? S N

e. Você sabe como a derrota pode ser transformada em um trunfo que pode levar ao sucesso? S N

14. Visão criativa

a. A sua imaginação é aguçada e alerta? S N

b. Você toma as suas próprias decisões? S N

c. Você prefere pedir a opinião das outras pessoas antes de agir? S N

d. Você já inventou alguma coisa? S N

e. Você cria ideias práticas prontamente em relação ao seu trabalho? S N

f. Você acredita que uma pessoa que cria ideias rapidamente vale mais do que uma pessoa que segue apenas as ideias e planos criados por outras pessoas? S N

15. Manter boa saúde

a. Você conhece os fatores essenciais para uma boa saúde? S N

b. Você sabe com o que começa uma boa saúde? S N

c. Você sabe que relação tem o relaxamento com a boa saúde? S N

d. Você conhece os quatro fatores importantes necessários para o equilíbrio adequado da boa saúde? S N

e. Você pode explicar a hipocondria? S N

16. Planejamento de tempo e dinheiro

a. Você economiza uma quantia definida de sua renda? S N

b. Você gasta dinheiro sem pensar no que aconteceria se a sua renda fosse cortada? S N

c. Você dorme o suficiente todas as noites? S N

d. Você gasta todo o seu tempo livre se divertindo? S N

17. Força de hábito

a. Você tem hábitos que sente que não consegue controlar? S N

b. Você já teve hábitos indesejáveis que eliminou? S N

c. Nos últimos meses, você desenvolveu algum hábito novo e desejável? S N

VEJA AQUI COMO AVALIAR AS SUAS RESPOSTAS

Todas estas perguntas deveriam ter sido respondidas com "não": 2b, 2c, 4c, 4d, 5a, 5d, 6b, 6d, 8c, 9b, 9c, 9e, 10b, 11b, 11c, 12c, 13a, 13c, 14c, 16b, 16d, 17a.

Todas as outras perguntas deveriam ter sido respondidas com "sim".

Sua pontuação seria 75 se todas as perguntas fossem respondidas conforme mostrado acima. Essa é uma pontuação perfeita, e muito poucas pessoas já chegaram a tal pontuação. Agora vamos ver qual é realmente a sua pontuação...

Respostas "sim" em vez de "não": ________________
(número de respostas erradas)

Respostas "não" em vez de "sim": ________________
(número de respostas erradas)

Some os dois totais e subtraia 75. Essa será a sua pontuação. Encontre sua classificação abaixo:

75 pontos: Perfeito (muito raro)

66 a 74 pontos: Bom (acima da média)

51 a 65 pontos: Razoável (na média)

26 a 50 pontos: Ruim (abaixo da média)

25 pontos e abaixo: Insatisfatório

Qual foi a sua pontuação?

Se ficou na média, ou mesmo abaixo da média, lembre-se de que a maioria das pessoas que responderam a esse questionário teve pontuações semelhantes. A razão é que poucos indivíduos foram treinados para compreender os segredos do sucesso – os segredos que elevaram milhares e milhares de homens e mulheres comuns à liderança empresarial e social. Não há barreiras mentais, físicas, educacionais ou de idade para esses segredos do sucesso. O sucesso é uma ciência, e seus segredos estão disponíveis para você... se você os quiser.

VOCÊ TEM A CHAVE DO SUCESSO DENTRO DE VOCÊ

Todo homem e toda mulher têm habilidades ocultas dentro de si. A maioria nem as conhece. Muitas pessoas que obtiveram um sucesso notável na vida descobriram essas habilidades acidentalmente. Às vezes, anos foram desperdiçados simplesmente porque elas não sabiam que tinham grandes habilidades. Por acaso, essas habilidades ocultas se revelaram para elas, e nada no mundo pôde detê-las depois disso.

Essas pessoas conquistaram o sucesso e a felicidade para sempre!

Você pode lucrar com a experiência delas. Nenhuma pessoa deve depender do acaso ou destino para guiar o seu sucesso e a sua felicidade. Além disso, ser guiado pelo acaso ou destino é algo imprudente e descuidado; estes nem sempre revelam aos homens e às mulheres as poderosas habilidades ocultas que têm. Cada pessoa as tem. Elas precisam apenas ser trazidas à luz do dia e postas em prática. Isso você pode fazer, assim como milhares e milhares de outros homens e mulheres fizeram, estudando os princípios de Napoleon Hill.

Agora, talvez pela primeira vez em sua vida, você tem a oportunidade de aprender os dezessete princípios básicos do sucesso extraídos da vida de homens milionários, que construíram negócios gigantescos e conquistaram fama e poder.

Cada uma das dezessete lições transmite a você uma quantidade enorme de informações incomuns – informações úteis e práticas que podem ser de grande valor para você. Cada lição é dedicada a um princípio específico, um princípio vital que você deve ter como parte de si mesmo se quiser atingir as metas que definiu: poder, riqueza, sucesso. Cada uma está repleta de fatos instigantes e concentrados, são lições escritas em linguagem fácil de entender – uma linguagem que você pode entender rapidamente e colocar em prática, desde a primeira lição. Cada lição é tão rica em ajuda, tão abundante em ideias, que apenas uma já vale para o indivíduo muitas vezes o valor que investiu neste livro.

Esses princípios são para você. Eles funcionaram originalmente para os grandes. Hoje, milhares de pessoas estão aplicando esses mesmos princípios para alcançar felicidade, saúde e riqueza. Pessoas de todas as idades e de todas as esferas da vida estão se beneficiando desses princípios. Então você também pode!

da

surpreen

imaginação antes

propósito do curso A Lei do

que não precisa

Você pode

dade.

Existem duas maneiras pelas qu

pelo que você está fazendo, usando

HARMONY

I AM hoping that I will find no Jews or Gentiles, Catholics or Protestants, Germans, Englishmen, Frenchmen or Americans, rich or poor, when I shall have crossed the bar to the other side. I am hoping that I will find there only human souls, *brothers* and *sisters* all, unmarked by race, creed, or color, for I shall want to be done with this hatred and strife and intolerance which keeps us out of our heritage of fellowship here on earth. The poise and order and regularity with which the silent stars take their places in the heavens are evidence enough to convince me that the final resting place will not be one of chaos and strife. In my own heart, in the world around me, and in the world beyond the grave, what I crave most is the harmony and orderliness of the silent stars.

Napoleon Hill

Capítulo XIII

TRINTA E DUAS REFLEXÕES CONTEMPLATIVAS E FILOSÓFICAS

A conquista nasce do sacrifício

(Napoleon Hill's Magazine, fevereiro de 1922)

Não pode haver grande conquista sem um sacrifício correspondente. Cristo deu a vida para que sua filosofia pudesse ser plantada no coração humano para sempre. Pense em uma pessoa, se puder, que alcançou a fama ou prestou ao mundo um serviço duradouro sem sacrifício. Normalmente, o valor do serviço prestado é proporcional ao sacrifício do qual surgiu.

A natureza não parece favorecer a perpetuação de ideias ou ideais que não nasçam do sacrifício e se alimentem em meio a dificuldades e lutas. Desde a substância mineral mais inferior até a forma mais elevada de organismo animal, a natureza dá muitas evidências de seu favoritismo por aquilo que nasce da dificuldade, da resistência e da luta.

As árvores mais resistentes e belas da floresta são aquelas que cresceram lentamente e venceram a maior resistência. Nenhuma hortaliça de estufa se iguala àquela que é cultivada ao ar livre, em oposição aos elementos da natureza.

Em um mundo material prático de negócios, finanças e indústria, vemos evidências por toda parte da solidez dessa filosofia. Sucessos que são alcançados da noite para o dia raramente perduram. As maiores conquistas nos negócios são aquelas que começaram bem de baixo, foram embasadas em fundamentos sólidos e experimentaram sacrifícios aparentemente impossíveis. Antes de invejarmos o sucesso de Henry Ford, devemos meditar sobre as lutas e dificuldades pelas quais ele passou antes de criar o primeiro automóvel Ford. Todos gostaríamos de desfrutar de sua grande riqueza, mas poucos de nós estariam dispostos a pagar por ela em sacrifício, como ele fez.

Se você está recebendo o seu batismo de fogo e pagando o preço do sacrifício com fé em sua obra, não importa que posição na vida esteja se esforçando para alcançar, você está apto a realizá-lo se continuar sem perder a fé, sem voltar atrás, sem perder a confiança em si mesmo e no princípio fundamental que garante a realização que corresponde à natureza e à extensão do seu sacrifício.

Aplicando a Regra de Ouro

(Napoleon Hill's Magazine, janeiro de 1922)

A carta a seguir foi escrita por mim para um homem que, sem conhecer os fatos dos quais falou ou o homem de quem falou, se entregou a comentários caluniosos que poderiam ter sido respondidos com mais severidade.

Embora eu nunca o tenha conhecido pessoalmente, sinto que o conheço por meio de um amigo em comum que o ouviu falar de mim.

Outro dia um homem me perguntou qual eu acreditava ser o maior trabalho que um homem poderia fazer, e minha resposta foi esta:

"Neste mundo cheio de conflitos e aflições como está hoje, quando tantos estão devotando os seus esforços para tentar derrubar alguém ou alguma coisa, e colocar homem contra homem, nação contra nação, raça contra raça e credo contra credo, e reacendendo as chamas do ódio, do preconceito e da ignorância da idade das trevas, parece-me, irmão, que o maior trabalho que qualquer homem pode fazer é plantar pensamentos construtivos onde antes cresciam pensamentos destrutivos."

Estou fazendo o máximo, pessoalmente e por meio de minha revista, para plantar tantos pensamentos construtivos quanto possível, enquanto permaneço à beira do caminho da vida e ninguém consegue se lembrar de uma palavra ou ato meu, a menos que seja em legítima defesa ou em defesa de um princípio, que não tinha como objetivo reunir os homens em um espírito de cooperação amigável, em um esforço sincero para amenizar as dificuldades da humanidade e fazer deste velho mundo um lugar mais brilhante para viver durante a breve estada chamada vida.

Muitas de minhas experiências, no entanto, requerem que eu volte com frequência àquelas belas palavras de nosso maior americano, o imortal Lincoln, quando ele disse: "Eu faço o melhor que sei, o melhor que posso, e pretendo continuar fazendo isso até o fim. Se o fim me trouxer o bem, o que disserem contra mim não valerá nada. Se o fim me trouxer o mal, dez anjos jurando que eu estava certo não fariam diferença".

Espero que algum dia os nossos caminhos possam se cruzar pessoalmente. Tenho certeza de que descobriríamos que cada um de nós é dotado de algumas das boas e más características da humanidade.

Cordialmente e fraternalmente,

És tu o homem?

(Napoleon Hill's Magazine, março de 1922)

Estes são tempos que testam a força da civilização. Para que possamos restabelecer mais facilmente a nossa confiança na humanidade, voltemos as páginas da história e estudemos a filosofia daqueles que nos guiaram por perturbações semelhantes, que testaram a fé dos homens uns nos outros.

Voltemo-nos, nestes dias de reconstrução mundial, para o amado Lincoln, o grande plebeu, e em nossa imaginação vamos ouvi-lo enquanto ele nos adverte a colocar os interesses da raça acima dos do indivíduo.

Ao contemplarmos o rosto robusto desse grande homem que liderou o povo americano durante o período mais difícil de sua existência, não nos esqueçamos daquelas simples qualidades fundamentais que foram as suas marcas distintivas.

Lincoln deve ser um lembrete constante de que nem o nascimento humilde nem a pobreza podem impedir permanentemente a fama e a fortuna do homem que mantém a fé naqueles a quem promete servir com a sua palavra.

Todo funcionário de banco, todo graduado em administração, todo trabalhador e toda pessoa que sirva em qualquer função deve voltar-se frequentemente para a memória de Lincoln e estudar a simplicidade da qual nasceu a sua grandeza.

Este homem predestinado, nascido em uma humilde cabana, deu um exemplo que todos nós poderíamos imitar para a glória eterna da raça quando demonstrou o seu amor pelas coisas despretensiosas da vida.

Nesta grande luta econômica que está acontecendo no mundo hoje entre capital e trabalho, ambos os lados podem lucrar com o pensamento de que Lincoln não precisou nem do poder do capital nem da força dos sindicatos para levá-lo ao lugar mais alto dentro do dom do povo americano. Não seria possível que tanto o trabalho sindicalizado quanto o capital considerassem lucrativo estudar e imitar o imortal Lincoln?

Que bênção se, das turvas sombras do passado, o espírito desse grande americano se levantasse e abrisse as suas asas benéficas sobre a humanidade descontente e inquieta, e levasse o mundo de volta à compreensão daquelas verdades simples que fizeram de Lincoln o nosso maior americano.

Talvez tenhamos alguém em nosso meio capaz de seguir a orientação de tal espírito. Poderia causar algum dano se cada um de nós examinasse o seu próprio coração com a pergunta: "És tu o homem?".

A pessoa mais apreciada

(Napoleon Hill's Magazine, abril de 1922)

Você pode se tornar a pessoa mais querida em seu trabalho tendo algo amigável para dizer a todos com quem você fala. Você pode se tornar a pessoa mais querida em sua vizinhança pelo mesmo método. A propósito, este plano não prejudicará em nada o seu envelope de pagamento; pode acrescentar algo a isso. Experimente o plano por uma semana e você saberá por que deve usá-lo permanentemente.

Prepare-se!

(Napoleon Hill's Magazine, março de 1922)

Prepare-se, homem! Prepare-se – e pare de se preocupar. O jogo da vida nunca está perdido até que você aceite a derrota. Amigos de confiança falharão com você, assim como falharam com outras pessoas antes do seu tempo. Você tentará e falhará e tentará e falhará novamente, como milhões de outras pessoas fizeram. Não perca tempo se preocupando com isso. É apenas uma repetição do que tem acontecido através dos tempos. Você pode usar apenas uma roupa por vez e comer apenas um prato de presunto com ovos de cada vez, e as coisas com as quais você se preocupa provavelmente nunca acontecerão e, se acontecessem, você não saberia a diferença daqui a cem anos. Portanto, sente-se em algum lugar tranquilo e acalme-se enquanto o pensamento impregna em sua cabeça que a melhor política é levar a vida como ela vem, sem permitir que nada nem ninguém parta o seu coração ou o sobrecarregue de alegria.

Construção de caráter

(Napoleon Hill's Magazine, março de 1922)

Você está constantemente formando o seu caráter a partir das impressões que recolhe do seu ambiente diário, portanto, pode moldar o seu caráter como desejar. Se deseja formá-lo com força, cerque-se das fotografias dos grandes homens e mulheres que mais admira; pendure frases com afirmações positivas nas paredes da sua sala; coloque os livros dos seus autores favoritos sobre a mesa, onde você possa acessá-los com frequência, e leia esses livros com o lápis na mão, marcando as linhas que lhe trazem os pensamentos mais notáveis; preencha a sua mente com os pensamentos mais grandiosos, mais nobres e mais elevados, e logo você verá o seu próprio caráter assumindo a composição e as nuances desse ambiente que criou para si mesmo.

Os sonhadores

(Napoleon Hill's Magazine, julho de 1921)

Valorize as suas visões; valorize seus ideais; aprecie a música que toca em seu coração, a beleza que se forma em sua mente, a beleza que cobre os seus pensamentos mais puros, pois deles crescerão todas as condições prazerosas, todo ambiente celestial. Destes, se você permanecer fiel a eles, seu mundo será finalmente construído.

A civilização deve a sua existência aos sonhadores do passado. A civilização não pode avançar à frente de seus idealistas e sonhadores.

Eles são os criadores e desenvolvedores da raça. As massas fervilhantes sempre seguiram os caminhos que os sonhadores abriram.

Agora os sonhadores estão prestes a tirar a glória da conquista e da guerra. Woodrow Wilson se sacrificou como alvo quando deu o primeiro passo para despojar os conquistadores de sua glória. Logo outros sonhadores ousarão seguir a trilha que ele abriu e a guerra será então uma desgraça, e aqueles que a defendem ou se engajam serão párias da sociedade e bandidos.

Mesmo o indivíduo que nutre um ideal elevado em seu coração está apto a realizá-lo. Colombo sonhou com outro mundo e o descobriu.

Copérnico sonhou com uma multiplicidade de mundos e os revelou.

Aprecie suas visões e seus sonhos, pois eles são os projetos de sua realização final.

Os seus sonhos podem levá-lo a qualquer estação da vida que você preze. Se você não merece o cargo que busca, lembre-se de que as suas aspirações e os seus sonhos, operando pela lei da autossugestão, podem reconstruir o seu caráter e torná-lo digno.

A Casa Branca não é uma alta marca de conquista pela qual lutar. Inclua-a em seus sonhos e você já terá dado o primeiro passo para a realização.

Em todos os assuntos humanos existem esforços e resultados, e a força do esforço é a medida do resultado. O acaso, não. "Dádivas", poderes, posses materiais, intelectuais e espirituais são frutos do esforço; eles são pensamentos concluídos, objetos realizados, visões realizadas.

O final do arco-íris

(Napoleon Hill's Magazine, agosto de 1921)

No sétimo e último ponto de virada importante da minha vida, fui obrigado a ajoelhar-me no pó da pobreza e a comer as migalhas de todas as minhas loucuras passadas. De uma casa suntuosa, fui obrigado a descer para morar em um cômodo, e, ai, meu Deus, as dores do sofrimento daquela eternidade que passei ali em um mês.

A escuridão do fracasso começou a desaparecer. A aurora do sucesso começou a lançar as suas sombras amigáveis sobre mim mais uma vez, e, enquanto eu ainda estava fraco de medo e fome, o teste final veio – o teste de uma oferta de dinheiro suficiente para todas as minhas necessidades.

Que teste cruel foi, porque estava condicionado à minha renúncia a todos os ideais pelos quais lutei durante esses últimos vinte anos. Eu recusei a oferta, embora a fome me encarasse. Era como segurar comida saborosa diante dos olhos de um homem que não comia nada havia dias.

Ao virar as costas à tentação, senti o toque de forças invisíveis. Eu estava consciente da presença de entidades invisíveis. A escuridão do desespero começou a desaparecer. Olhei para o Leste, e eis! Eu estava no final do arco-íris.

Não vi nenhum pote de ouro, mas encontrei algo mais precioso que o ouro. Um anjo me deu um tapinha no ombro. Eu não o vi com os olhos físicos, mas sei que deve ter sido um anjo, pois nenhum mortal poderia ter falado com tanta beleza e sabedoria quanto a voz mansa e delicada que me cumprimentou quando me virei.

Ele disse: "Permanece Deus nas sombras de cada fracasso".

Mas eu não me afasto de seus sorrisos nem de suas lágrimas –
Ambas as partes de um plano infinito –
Deixe-me morar na minha casa à beira da estrada
E ser amigo do homem.

– Sam Walter Foss, 1925

Cada fracasso e cada erro

(Napoleon Hill's Magazine, março de 1922)

Já lhe ocorreu que cada fracasso e cada erro do qual você sobrevive e cada obstáculo que domina desenvolvem em você sabedoria, estratégia e autodomínio, sem os quais não poderia realizar nenhum grande empreendimento?

Nenhum homem gosta de enfrentar o fracasso, mas todo fracasso pode ser transformado em um trampolim que o levará às alturas da realização se as lições ensinadas pelo fracasso forem organizadas, classificadas e usadas como um guia.

Se os seus fracassos o amarguraram em relação a seus semelhantes e desenvolveram cinismo em seu coração, eles logo destruirão a sua utilidade. Mas, se você os aceitar como professores necessários e transformá-los em um escudo, poderá fazer deles uma proteção impenetrável.

A vaidade nos leva a pensar mais em nossos triunfos do que em nossos fracassos, mas, se aproveitarmos a experiência daqueles que mais realizaram no mundo, veremos que um homem nunca precisa se vigiar tanto quanto no momento em que começa a alcançar o sucesso, porque o sucesso muitas vezes causa uma diminuição do esforço e um abandono daquela eterna vigilância que faz com que o homem lance o poder de sua natureza combativa naquilo que está fazendo.

Amigos falsos

(Napoleon Hill's Magazine, julho de 1921)

Não importa quantos amigos se mostrem falsos e, assim, afetem a sua confiança nas outras pessoas, sempre há alguém a quem você pode recorrer em busca de consolo nas horas de provação e decepção.

Você pode ver essa pessoa diante do espelho!

E, depois de tudo dito e feito, não há ninguém em quem você precise confiar e que seja mais capaz de ajudá-lo do que você mesmo. Isso pode servir como um álibi se você culpar as outras pessoas por seus fracassos, mas a verdade é que você mesmo é responsável por seu próprio avanço ou pela falta dele, e é realmente afortunado se obtiver essa consciência e, a partir de então, se responsabilizar pela sua condição de vida.

Arranje justificativas para as falhas dos outros, mas mantenha-se sob estrita responsabilidade se quiser alcançar a liderança em qualquer empreendimento.

Esperança!

(Napoleon Hill's Magazine, setembro de 1921)

Faça a coisa certa e você terá poder.

– Emerson

O caminho do sucesso é o caminho da luta!

Lincoln escreveu o maior discurso já proferido em língua inglesa no verso de um envelope alguns momentos antes de ser pronunciado, mas o pensamento por trás desse discurso nasceu de dificuldades e lutas.

Ao longo de toda a estrada da sua vida, você encontrará obstáculos, muitos deles. O fracasso o atingirá repetidamente, mas lembre-se de que, assim como obstáculos são colocados diante de um cavalo que está sendo treinado, faz parte do método da natureza colocar obstáculos e fracassos em seu caminho, para que você possa aprender com eles algumas das maiores lições.

Cada vez que domina o fracasso, você se torna mais forte e mais bem-preparado para enfrentar o próximo. Os momentos de provação virão para você como vêm para todos em um momento ou outro. A dúvida e a falta de fé em si mesmo e em seus semelhantes lançarão suas sombras sobre você, mas a maneira como você reage a essa negatividade difícil indicará se está desenvolvendo poder ou retrocedendo.

"E isso, também, logo passará." Nada é permanente, portanto por que permitir que a decepção, o ressentimento ou a sensação de injustiça destruam a sua compostura se eles logo se eliminarão?

Olhe para o seu passado e verá que aquelas experiências de ontem, que pesavam muito em seu coração na época e pareciam acabar com toda a sua esperança de sucesso, passaram e o deixaram mais sábio do que antes.

O universo inteiro está em constante estado de fluxo. Você está em constante estado de mudança. A evolução está removendo as feridas deixadas em seu coração pela decepção. Você não precisa passar por nenhuma dificuldade se apenas tiver em mente que "isso, também, passará em breve".

Eu olhei para trás, para meu pesado fardo de tristeza e preocupação, que bloqueou a felicidade de meu coração ontem, e eis! Ele foi transformado em um trampolim de experiência com o qual eu subi cada vez mais alto.

Como pensar com precisão

(Napoleon Hill's Magazine, março de 1922)

A diferença entre o homem que tem sucesso e o homem que fracassa é, em grande parte, determinada pela maneira como cada um pensa. O pensamento preciso é uma questão de hábito e pode ser desenvolvido por qualquer pessoa normal que tenha força de caráter para exigi-lo de si mesmo.

A arte do pensamento preciso é comparativamente simples, mas poucos a dominam. Praticamente todas as conquistas dignas de nota são construídas sobre um fundamento de pensamento preciso.

Há duas etapas que devem ser seguidas no processo de pensar com precisão.

Primeiro, é preciso aprender a separar os fatos da mera informação. Ninguém pode se tornar um pensador preciso se confiar em evidências provenientes de boatos ou sussurros dos ventos da fofoca. Ninguém que aceite como fatos o que lê na imprensa diária pode se tornar um pensador acurado, porque a imprensa nem sempre se baseia em fatos.

Depois que os fatos em dada circunstância forem obtidos, eles devem ser divididos em duas categorias: relevantes e irrelevantes, ou importantes e sem importância.

Ninguém pode ser um pensador preciso até que tenha aprendido a separar os fatos nessas duas categorias.

Depois de feita essa distinção, deve-se deixar de lado os fatos sem importância, supérfluos e pormenorizados e dedicar o seu tempo à construção de um plano de ação definido a partir dos fatos importantes relacionados a determinada circunstância.

Esse, em geral, é o processo simples de pensamento preciso.

Quando você ouve um homem dizer "eu vejo nos jornais que 'x' é um criminoso porque alguém o acusou de desonestidade", e ele não faz nenhuma tentativa de obter os fatos, você pode saber sem perguntar que ele não é um pensador acurado.

Vale a pena lembrar que os homens mais bem-sucedidos do mundo foram aqueles que reservaram suas opiniões até terem certeza de que realmente tinham fatos sobre os quais baseá-las.

Um pensador preciso tem muitas vantagens sobre o sujeito que é influenciado, como uma folha seca no meio de um vento disperso, por boatos e fofocas sem propósito. Entre outras vantagens, ele detém a autoconfiança por saber que pesquisou até chegar aos fatos.

Um homem que vai atrás dos fatos e trabalha firmemente até obtê-los é um homem difícil de derrotar. Por outro lado, o homem que forma julgamentos a partir de mera informação praticamente derrota a si mesmo antes de começar.

Nas paredes do escritório de um homem conhecido, que ganhou vários milhões com o negócio do aço, está pendurado um único cartaz com esta frase em negrito: OBTENHA OS FATOS!

Não é má ideia para o resto de nós manter essa frase em mente. Pense nisso na próxima vez que se pegar agindo sem ter certeza dos fatos.

Se me fosse permitido sugerir uma ligeira mudança nessa frase, eu a escreveria desta forma: "OBTENHA OS FATOS E CLASSIFIQUE-OS".

Isso naturalmente sugeriria a eliminação dos fatos menos importantes. Isso levaria, eventualmente, ao hábito do pensamento preciso.

Volte à sua memória e você descobrirá, mais do que provavelmente, que a maioria dos seus erros poderia ter sido evitada se você tivesse seguido essa prática de obter os fatos. Se um vizinho calunia outro, obtenha e apure os fatos. Se alguém lhe recomendar algo como um bom investimento, informe-se sobre os fatos.

O hábito de obter os fatos vai lhe poupar muitos sofrimentos. Isso o transformará, finalmente, em um pensador preciso.

A lei da compensação

(Napoleon Hill's Magazine, março de 1922)

Pegue o número que quiser, seu valor exato,
nem mais nem menos, ainda retorna para você.

– Emerson

O tempo nos traz poderosas evidências da existência da Lei da Compensação. A justiça nunca é derrotada; muitas vezes ela é adiada.

Uma verdadeira perspectiva da Lei da Compensação só pode ser obtida considerando o tempo e o espaço. Recompensas por virtude e punição por transgressão são muitas vezes retidas por anos, e até mesmo de uma geração para outra.

Geralmente, porém, a Lei da Compensação funciona com relativa rapidez. "Crime e punição crescem a partir de um broto." Em geral, nós colhemos o que plantamos.

Um homem pode ser uma fraude, um trapaceiro, e parecer estar se safando com os frutos de suas práticas furtivas, mas chega um momento em que ele paga caro com a perda da confiança e a recusa de amizade por parte de seus próximos.

Por outro lado, um homem pode praticar a Regra de Ouro por um longo período e ainda assim parecer não colher os frutos de sua conduta ética, mas quem poderá dizer quanto lhe será pago em felicidade que não teria desfrutado se não fosse por essa prática?

É exceção, e não a regra, quando o mundo negligencia ou deliberadamente retém o pagamento que corresponde à qualidade e quantidade do serviço que um homem presta.

A Lei da Compensação geralmente funciona silenciosamente e despercebida, exceto pela pessoa que está sintonizada para ouvir a sua mensagem silenciosa. O sábio não duvida da existência nem brinca com a Lei da Compensação. Ele faz com que a sua conduta se conforme à sua natureza, atrelando-a assim ao seu propósito na vida.

A chave mágica

(Napoleon Hill's Magazine, junho de 1921)

Existe uma grande chave mágica que destranca a porta do coração humano e ganha entrada bem-vinda para todos que a usam.

Essa grande chave, se fosse usada universalmente, tornaria as guerras impossíveis.

Isso tiraria todo o desejo de despojar um irmão daquilo que é dele.

Isso abriria a porta para o depósito de todo o conhecimento e nos mostraria a paz, a alegria, a felicidade e o sucesso que vêm da compreensão do coração humano.

Isso nos garantiria a felicidade suprema.

Isso nos garantiria todas as necessidades da vida e todos os luxos que quiséssemos.

E o que é essa grande chave mágica?

É a REGRA DE OURO!

Se todos nós entendêssemos a lei por trás da Regra de Ouro, veríamos a necessidade de nos tornarmos guardiões de nossos irmãos.

Greves e *lockouts* – as paralizações de atividades por parte dos empregadores, cujo objetivo é forçar seus funcionários a aceitarem determinadas condições trabalhistas – seriam absurdos que nenhum país civilizado toleraria.

O lucro traria um rápido fracasso para todos os que fossem tolos o suficiente para empreendê-los.

Se você quer saber o que é justo e honrado em suas relações com os seus próximos, inverta todas as situações que você está prestes a criar para o outro e coloque-se no lugar dele.

Se você não ficaria satisfeito em tomar o lugar dele e em deixá-lo tomar o seu, pode ter certeza de que o negócio ou a situação em questão não se enquadra na Regra de Ouro.

Você pode ter certeza, também, de que mais cedo ou mais tarde a balança eterna será equilibrada e você estará exatamente na mesma situação que criou para o seu próximo.

Não é o trabalho dele!

(Hill's Golden Rule, junho de 1921)

"Eu não tenho que fazer isso", disse ele,
Quando uma tarefa extra ele teve a chance de ver;
"Esse não é meu trabalho, e não é problema meu,
Então eu vou passar por cima e deixar isso de lado."
E o patrão que lhe deu o salário semanal
Perdeu mais do que seu salário naquele dia.

"Eu não tenho que fazer isso", disse ele,
"Essa obrigação pertence a Jim ou Fred."
Então, uma pequena tarefa que estava em seu caminho,
Que ele poderia ter tratado sem demora,
Ficou inacabada; o caminho foi pavimentado
Por uma grande perda que ele poderia ter evitado.

E o tempo passou e ele manteve o seu lugar
Mas nunca alterou o seu ritmo tranquilo,
E as pessoas comentavam sobre o quão bem ele sabia
O limite das tarefas para as quais foi contratado;
Pois nunca, uma vez sequer, ele foi conhecido por estender
Suas mãos para coisas que não lhe diziam respeito.

Mas lá em sua rotina tola ele ficou
E por tudo o que ele fez, foi pago de forma justa,
Mas nunca valeu um centavo a mais
Do que ele ganhava por seu trabalho ao findar a semana;
Pois ele sabia muito bem quando o seu trabalho estava completo

E havia feito tudo o que foi contratado para fazer.

Se você quer crescer neste mundo, jovem,
Você deve fazer todos os dias todo o trabalho que puder;
Se você encontrar uma tarefa, embora não seja sua obrigação,
E ela deve ser feita, cuide disso!
Você nunca vai conquistar ou progredir se
Fizer apenas as coisas que deveria fazer.

Oportunidade

(Napoleon Hill's Magazine, janeiro de 1922)

Nunca na história do mundo as oportunidades foram tão abundantes como agora.

Aprendemos que os homens são limitados apenas por sua própria falta de autoconfiança e fé em seus semelhantes.

A maneira como a natureza revelou os seus segredos à humanidade durante os últimos vinte anos provou que podemos realizar grandes feitos quando aprendemos a esperar muito de nós mesmos.

Aprendemos a tolice do conflito e da vingança e a virtude do esforço cooperativo. A Guerra Mundial nos ensinou que o vencedor também perde quando os homens se envolvem em qualquer tipo de esforço destrutivo.

Com todas essas grandes lições que aprendemos, estamos frente a frente, agora, com a oportunidade de impor à mente de nossos filhos a soma total do que aprendemos para que se torne parte de sua filosofia, conduzindo assim a próxima geração a alturas de realização que surpreenderão o mundo.

Esse é o único método pelo qual podemos transmitir à posteridade o benefício daquilo que aprendemos por meio do combate, da luta e da experiência. Que gloriosa oportunidade aguarda agora a liderança de homens e mulheres nas escolas, nas igrejas e na imprensa, os três principais meios pelos quais essas grandes lições podem ser firmemente incutidas na mente de nossos jovens.

Aqueles que veem essa oportunidade e têm a iniciativa e a coragem de abraçá-la podem alcançar a fama e a fortuna nas asas de uma força poderosa que surgiu da agitação, do conflito e do caos dos últimos sete anos.

Vamos todos contribuir com nosso apoio e cooperação individual para que nossos filhos possam aprender as vantagens de colocar o princípio acima do dinheiro e a humanidade, como um todo, acima do indivíduo.

Esforço organizado

(Napoleon Hill's Magazine, abril de 1922)

Do esforço organizado vem o poder. Há uma enorme quantidade de energia nas gotas de chuva, mas é meramente potencial até que sejam derramadas sobre as Cataratas do Niágara ou sobre uma roda de moinho, ou expandidas em uma caldeira a vapor, de maneira organizada.

Há poder em seu cérebro, mas é meramente potencial até que seja organizado, por meio da coordenação de suas faculdades, e direcionado para a realização de um objetivo definido.

Por todos os lados, a natureza nos dá um belo exemplo da necessidade de organização.

Cada folha de grama e cada inseto e cada animal e cada estrela visível ao olho humano oferecem um espécime maravilhoso de esforço organizado da mais alta ordem.

Todo homem bem-sucedido obteve sucesso por meio do mecanismo desse princípio de esforço organizado. Carnegie acumulou uma fortuna com seu uso e, ao contrário da crença geral, ganhou milhões organizando mentes em vez de aço. O negócio do aço foi apenas um incidente em seu sucesso financeiro. Ele poderia ter se saído bem no negócio do algodão. Uma mente organizada pode ter sucesso em qualquer empreendimento.

A fórmula para o sucesso é tão definível e definida quanto as regras da matemática, e a trama dessa fórmula é o esforço organizado.

O homem que aprendeu a valer-se do poder do esforço organizado sempre tira proveito dos fatos acumulados sobre o seu objetivo definido ou o trabalho em mãos no momento. Ele vasculha as bibliotecas e universidades e se informa de tudo o que outros homens aprenderam sobre determinado assunto. Esse é um dos primeiros e mais essenciais passos a serem dados por todos os que querem fazer uso do poder do esforço organizado.

O enigma da vida!

(Napoleon Hill's Magazine, junho de 1921)

É tudo um tabuleiro de xadrez de noites e dias
onde joga o destino com homens como peças:
aqui e ali se move, e dá um xeque-mate, e destrói,
e um por um de volta ao armário.

O único mistério supremo do Universo é a vida!

Viemos aqui sem o nosso consentimento, de onde não sabemos! Partimos sem o nosso consentimento, para onde não sabemos! Estamos eternamente tentando resolver esse grande enigma da vida, e com que propósito e com que fim?

Que fomos colocados neste plano terrestre por uma razão definida, nenhum pensador pode ter dúvidas. Será possível que o poder que nos colocou aqui não saiba o que fazer conosco quando passarmos além da grande linha divisória?

Não seria um bom plano dar ao Criador que nos colocou aqui na Terra crédito por ter inteligência suficiente para saber o que fazer conosco depois que falecermos, ou deveríamos assumir a inteligência e a capacidade de controlar a vida futura em nosso próprio caminho?

Será que não podemos cooperar com o Criador de maneira inteligente, assumindo o controle de nossa conduta nesta Terra até o fim, para que sejamos decentes uns com os outros, e fazer todo o bem que pudermos de todas as maneiras que pudermos durante esta vida, deixando o que vem além para alguém que provavelmente sabe, melhor do que nós mesmos, o que é bom para nós?

O mundo sem dúvidas é feito de sins e nãos,
certo e errado golpeiam o jogador;
E Aquele que jogou você no campo,
Ele sabe de tudo, Ele sabe, ELE sabe!

Serviço

(Napoleon Hill's Magazine, julho de 1921)

Se você servir a um mestre ingrato, sirva-o muito mais. Coloque Deus em sua dívida. Cada golpe deve ser reembolsado. Quanto mais tempo o pagamento for retido, melhor para você; pois juros compostos sobre juros compostos é a taxa e o tratamento neste erário.

– Emerson

Por resistência, vem a força. Portanto, preste o melhor serviço de que você é capaz, independentemente da compensação monetária que esteja recebendo por seus esforços.

O que você quer é poder, e isso vem organizando e exercitando todas as suas faculdades até o limite, assim como um braço fica forte com o uso constante.

Não importa o pagamento. Aprenda a lição com o agricultor que ara a terra, aduba, planta a semente e depois espera a reação que certamente lhe proporcionará uma rica colheita.

Plante a semente do serviço correto em qualidade, frequência e amplitude e observe o que acontece quando você estabelece a reputação de ser uma pessoa que sempre presta um serviço melhor do que o que foi pago para prestar.

Se você adquirir o hábito de prestar um serviço melhor e mais amplo do que foi contratado para prestar, muito em breve a lei dos rendimentos crescentes e o efeito de rede começarão a trabalhar a seu favor, você lucrará por se destacar e sua hora de colheita chegará, pois você será ansiosamente procurado e pago de bom grado por mais do que realmente faz.

O trapaceiro, o inadimplente, o jogador, não podem extorquir o benefício, não podem extorquir o conhecimento de natureza material e moral que seu cuidado honesto e suas dores cedem à eficácia. A lei da natureza é fazer a coisa certa e você terá poder.

Hereditariedade social

(Napoleon Hill's Magazine, agosto de 1921)

Todo pensamento de guerra, antagonismo racial e religioso, ódio, fanatismo, dominação mundial e injustiça pode ser varrido em uma geração! Se isso for verdade, representa uma poderosa denúncia contra a nossa alardeada civilização.

Quem pode realizar esse "milagre", e como?

Ele pode ser realizado pelos esforços combinados dos líderes religiosos, das escolas e da imprensa pública, que têm o poder de impor um ideal na mente dos jovens, que eleve a raça humana acima de suas atuais tendências viciosas e mostre a vantagem para todos de colocar a humanidade acima do indivíduo.

Em uma geração, esses líderes, com a ajuda do princípio da hereditariedade social, poderiam varrer toda causa de antagonismo entre os homens, impondo à mente dos jovens o ideal de subordinação do indivíduo ao bem-estar comum da humanidade organizada.

O Japão realizou o maior milagre dos tempos modernos, com a ajuda desse princípio de hereditariedade social, ao impor um ideal à mente de seus jovens. Por meio desse princípio, ensinou seus jovens a colocarem os objetivos comuns da nação como um todo acima do interesse individual, transformando-se, assim, em poucas décadas, em uma potência para o bem ou para o mal que eclipsou a da Roma Antiga.

Civilização arrogante, pare, olhe e raciocine!

Solitude!

(Napoleon Hill's Magazine, julho de 1921)

Almas agitadas pela tempestade, quem quer que seja, sob quaisquer condições em que viva, saibam disso – no oceano da vida, as ilhas da bem-aventurança estão sorrindo e a costa ensolarada de seu ideal aguarda a sua chegada...

... Mantenha a sua mão firmemente no leme do pensamento. No limite de sua alma descansa o comandante. Acorde-o.

Afaste-se da multidão, relaxe, pare de pensar e dê ao gênio dentro de você uma chance de se expressar.

Trinta minutos por dia dedicados ao relaxamento lhe darão equilíbrio e autocontrole, sem os quais você nunca poderá se tornar um mestre em qualquer empreendimento.

Há algo na quietude, na calma da natureza, que dá fé, coragem e autoconfiança. Vá para a floresta, longe de todos, e dê às forças sutis da natureza uma chance de se apoderar de você.

Na solitude do seu coração, durante essas visitas ao seu interior, você aprenderá quem você é e qual é a sua missão na vida.

Milton fez a sua maior obra depois que a cegueira o forçou a buscar o seu eu interior como companheiro.

Helen Keller tornou-se a maravilha desta era porque foi privada dos sentidos da visão, audição e fala, e foi forçada a buscar a companhia de seu eu interior.

O elo entre você e Deus pode ser encontrado dentro de seu próprio coração e em nenhum outro lugar. Existe uma passagem secreta entre você e a maestria, e ela só pode ser descoberta por meio daquela calma e serenidade de pensamento que fluirão sobre você quando estiver sozinho, relaxado e receptivo.

Esta não é uma mera pregação, uma lição de moral, mas uma verdade científica – que, se estudada e aplicada, pode levá-lo às alturas de seus desejos.

> *Todo homem está onde está pela lei de seu ser; os pensamentos que ele construiu em seu caráter o levaram até lá, e no arranjo de sua vida não há elemento de acaso, mas tudo é resultado de uma lei que não se pode enganar.*

Pare, olhe e raciocine!

(Napoleon Hill's Magazine, outubro de 1921)

Não seja muito duro com o sujeito que cometeu um erro. Se a verdade viesse à tona, ela poderia revelar o fato de que você, ou seu pai, ou o pai de seu pai estariam em uma situação "infernal" se julgados por um único ato. Quase todo mundo comete erros, e o sujeito que nega ter cometido algum confessa ao mesmo tempo que nunca conseguiu nada digno de menção. Nunca vi uma pessoa tentando revelar a "letra escarlate" no peito de alguém sem me questionar se ela não carrega alguma marca de infortúnio que a teria arruinado para o resto da vida se a justiça a alcançasse. Toda vez que penso em expor ou derrubar alguém, saio sozinho e leio o ensaio de Emerson sobre "Compensação" novamente, pois sei que preciso de outra injeção da verdade que ele ensina. Você poderia lucrar com o mesmo procedimento – não sei!

Gratidão

(Napoleon Hill's Magazine, junho de 1921)

Sou grato por ter nascido pobre – por não ter vindo a este mundo sobrecarregado pelos caprichos de pais ricos, com um saco de ouro em volta do meu pescoço.

Sou grato pelas adversidades que cruzaram o meu caminho, pois me ensinaram autocontrole, perseverança, tolerância e perdão.

Sou grato pelos erros que cometi, pois com eles aprendi a sabedoria da cautela.

Agradeço por ter descoberto que só o que faço por mim me trará benefício permanente.

Sou grato por ter aprendido que posso desfrutar da verdadeira felicidade na medida exata em que ajudo outras pessoas a serem felizes.

Sou grato por ter aprendido que antes de *receber* eu devo *dar*, e que receberei exatamente o que eu der.

Sou grato por ter aprendido que a melhor maneira de punir aqueles que são injustos comigo é não os punir de forma alguma, exceto praticando a filosofia da Regra de Ouro.

Sou grato por ter aprendido, com a Guerra Mundial que acaba de terminar, que a força bruta do poder não pode vencer aquela força maior do que é direito, e que isso se aplica tanto a um indivíduo quanto a nações.

Sou grato por ter aprendido o quão tolo é se envolver em qualquer transação que não beneficie a todos os que dela participam.

Sou grato por ter aprendido que "semelhante atrai semelhante" e que "Tudo o que o homem semear, isso também ceifará".

Isso eu resolvo fazer

(Napoleon Hill's Magazine, março de 1922)

Um homem, gozando de boa saúde e mente disposta, estabelece estas coisas que eu resolvi: tirarei proveito da experiência das outras pessoas e não esperarei aprender o sentido com minha própria experiência. Serei educável. De cada ser humano que encontrar, aprenderei algo. Decidirei pelo meu intelecto quais devem ser os meus gostos e me farei gostar das coisas certas. Vou deixar de lado o argumento fraco de que "não posso evitar os meus gostos e desgostos".

Vou me manter limpo de corpo e mente. Não aceitarei como padrão satisfatório o que a maioria das pessoas é e faz. Não permitirei que nenhuma pessoa ou instituição force a minha opinião; o meu julgamento permanecerá sem medo, sem suborno, sem sedução. Nisso não serei truculento e ofensivo, mas modesto e aberto à convicção. Não declararei a minha crença em nada social ou científico que eu não compreenda claramente. Vou aprender a fazer algum tipo de trabalho com competência e ganhar a vida com isso. Vou tirar do mundo apenas o equivalente justo do que dou a ele. Nunca me vingarei, não guardarei rancor e eliminarei totalmente qualquer espírito de retaliação. A vida é muito curta para a destruição; todos os meus esforços serão construtivos.

Não me envolverei em nenhum negócio ou esporte que implique fraude, crueldade ou injustiça a qualquer ser vivo. Não machucarei nenhuma criança, não punirei nenhum homem, não prejudicarei nenhuma mulher. Em tudo o que eu fizer, procurarei acrescentar um pouco à soma da felicidade e subtrair um pouco da soma da miséria de todas as criaturas vivas. Tentarei constantemente tornar-me agradável a todas as pessoas com quem eu entrar em contato. Sei que a morte é tão natural quanto o nascimento, e que nenhum homem sabe a sua hora. Não vou me preocupar com isso, nem me esquivar, mas viver de modo que eu esteja pronto para ir. Vou acreditar que a honestidade é melhor do que a desonestidade, a verdade é melhor do que a mentira, a limpeza é melhor do que a sujeira, a lealdade é melhor do que a traição e o amor é melhor do que o ódio ou a frieza.

Entregarei a minha vida e a minha carreira a uma confiança infalível neste credo.

E isso, também, logo passará

(Napoleon Hill's Magazine, abril de 1922)

Haverá dias em que você ficará desanimado. Então é hora de se lembrar de que nenhum homem é sempre afortunado; que a roda da vida está sempre girando, e quando o lado plano aparecer, como com certeza acontecerá em algum momento, lembre-se de que ela girará se você esperar sem perder a fé em si mesmo e na mão divina que o criou. Essas experiências que o desencorajam podem ser nada mais do que o plano da natureza para prepará-lo para algum grande trabalho na vida. Enquanto esperamos que o problema momentâneo passe, podemos pensar em Lincoln, na sua origem e na Casa Branca, tendo em mente, enquanto isso, que a Casa Branca não é um objetivo muito alto a ser almejado.

Tempo

(Napoleon Hill's Magazine, setembro de 1921)

O tempo voa, você diz – ah, não!
O tempo permanece, mas a gente vai.

O tempo é o único tesouro inestimável do Universo!

O tempo é amigo de todos os que são fiéis a si mesmos e que jogam o jogo da vida honestamente com os seus semelhantes, mas é o inimigo mortal de todos os que trapaceiam e tentam *obter* sem *dar* um equivalente justo.

O tempo cura corações feridos, reconstrói a fé perdida e erradica o ódio, a inveja e o ciúme. O tempo tira as escamas da ignorância dos olhos e revela a todos que quiserem ver a beleza, a glória e a felicidade que nascem do amor saudável pela humanidade.

O tempo é a mão poderosa que embala o berço eterno do progresso e nutre a humanidade lutando por esse período durante o qual o homem precisa de proteção contra a própria ignorância.

O tempo amolece o coração humano e separa o homem de seus instintos animais mais básicos. Feliz o homem que aprende, antes dos quarenta anos, o valor purificador do tempo.

Sem o auxílio do tempo, a Lei da Compensação cai por terra e torna-se praticamente inoperante. O tempo está sempre mudando, destruindo e reconstruindo a humanidade, portanto nenhum homem pode ser julgado adequadamente a menos que seja analisado durante um período de tempo considerável.

Caráter, bom ou mau, é a soma total da obra do tempo, por meio da qual os pensamentos e atos de uma pessoa foram lentamente tecidos. O tempo constrói o caráter com tudo o que encontra para trabalhar, mas nunca sai dos próprios pensamentos e atua no essencial.

O tempo compensa a raça humana por todas as suas virtudes e impõe penalidades apropriadas para todos os seus erros. O que ele não paga ou cobra do indivíduo, ele devolve ou cobra da comunidade.

Se eu tivesse tempo para aprender com você
Quanto conforto minha palavra teria;
E eu lhe contei então sobre minha vontade repentina
De beijar os seus pés quando lhe fiz mal –
Se lágrimas de bravata
Pudessem forçar o caminho e deixar vocês saberem –
Irmãos, as nossas almas se uniriam
Se nós tivéssemos tempo!

Tempo, o maior professor

(Napoleon Hill's Magazine, março de 1922)

Quem nunca se aproximou do entardecer da vida sem ter visto evidências de que o tempo é um mestre perfeito para todos os que buscam a verdade? A grande tragédia da vida não é que devemos morrer, mas que muitas vezes morremos no momento em que a verdade e as possibilidades da vida estão apenas começando a se revelar para nós.

O tempo é um professor maravilhoso!

Se dermos uma chance, ele nos revelará toda a verdade de que precisamos enquanto viajamos pelo caminho da vida.

Entre outras verdades que o tempo nos traz estão estas:

A felicidade, o objetivo final de todo coração humano, só pode vir ajudando os outros a encontrá-la.

A força vem da luta, do desapontamento, da derrota e do domínio dos obstáculos que cercam o nosso caminho.

Vale a pena prestar um serviço melhor e mais amplo do que o que está sendo pago para prestar porque essa prática desenvolve força de caráter e atrai as pessoas mais seletas, que buscam uma aliança conosco.

Por estradas sinuosas ou retas, os nossos próprios pensamentos e atos em relação aos outros voltam para nos abençoar ou amaldiçoar; nós colhemos o que plantamos. O caluniador é, no devido tempo, destruído pela vileza de sua própria língua.

Os inimigos são um recurso valioso para o homem que é grande e tolerante o suficiente para sorrir com as tentativas de destruí-lo, porque ele sabe que o tempo é sempre amigo do homem que está certo e inimigo do homem que está errado.

Cada efeito corresponde na natureza à sua causa, o que garante a devida recompensa ao homem cujos princípios fundamentais da vida são construídos com base na Regra de Ouro e cuja filosofia é a do serviço construtivo para o bem da humanidade.

As leis do sucesso são tão determináveis e viáveis, e tão seguras dos mesmos resultados, quando aplicadas corretamente em cada situação, quanto as regras da matemática.

O caráter de um homem é a soma total de seus pensamentos dominantes.

O pensamento é a forma de energia mais altamente organizada conhecida pelo homem e transcende, em importância, todas as outras formas de esforço organizado e toda a matéria física.

A desonestidade, sob qualquer forma, é destrutiva e perigosa; não porque aquele que a pratica pode ser descoberto por seus semelhantes e punido, mas por causa de seu efeito desintegrador sobre ele. A desonestidade causa a perda do respeito por si mesmo, o que, por sua vez, atrai as qualidades negativas que levam ao fracasso e à derrota.

A verdade e a justiça devem ser o fundamento sobre o qual toda situação é baseada, caso contrário, os resultados do que for feito não podem perdurar. Em nenhum lugar encontramos a natureza favorecendo a falsidade ou a injustiça.

Nós crescemos para nos assemelhar ao ambiente em que existimos e para nos conformar com a filosofia daqueles com quem nos associamos mais intimamente, o que torna possível mudar o nosso caráter mudando o nosso ambiente.

De cada fracasso podemos aprender uma grande lição, independentemente de a causa do fracasso estar sob nosso controle ou fora dele.

Em última análise, nada importa

(Napoleon Hill's Magazine, março de 1922)

Em algum momento de minha jornada pela vida, peguei um pouco de filosofia aleatória que veio em meu socorro em muitas ocasiões, quando os dias pareciam sombrios e tudo parecia dar errado.

Pode-se afirmar nestas palavras: "Em última análise, nada importa, portanto por que se preocupar com alguma coisa?".

Olhando para os últimos vinte e poucos anos pelos quais avalio minha experiência empresarial, posso ver que os obstáculos que surgiram à minha frente, que pareciam montanhas intransponíveis, acabaram sendo nada além de montículos. O problema que me preocupava raramente se materializava. Sete vezes diferentes fui derrotado, mas agora sei que me reergui mais forte e mais sábio em cada um desses sete momentos difíceis da minha vida.

Enquanto escrevo estas linhas, tenho diante de mim um cheque no valor de US$ 300 de Bernard Macfadden, da Physical Culture Corporation. Esse cheque é o pagamento dos meus serviços por menos de duas horas, mas, na verdade, é o pagamento do trabalho que resultou de algo que aprendi durante aqueles sete pontos de virada que, certa vez, chamei de fracassos.

Ontem à noite dei uma palestra ("A Escada Mágica para o Sucesso") para os funcionários de uma grande corporação. Após a palestra, o presidente me entregou o seu cheque pessoal de US$ 500. O material com o qual essa palestra foi criada veio dos fracassos que experimentei durante um período de praticamente vinte anos, e lembro-me agora de que cada um desses fracassos, na época, parecia o meu fim.

Hoje fui homenageado por um grupo de renomados cientistas que me elegeram presidente do National Chiropractic Sanitarium, colocando-me, assim, à frente de uma corporação que visa construir uma rede de casas de saúde nas principais cidades dos Estados Unidos. Após uma breve análise do motivo de ter sido homenageado por esses homens, lembrei-me de que foi por causa das lições que aprendi sobre esforço organizado e liderança, a maioria delas reunida do que certa vez chamei de fracassos, nos sete pontos de virada da minha vida.

Se eu tivesse espaço, poderia enumerar uma série de incidentes, e cada um provaria que a partir do fracasso podemos construir o sucesso, desde que possamos encará-lo apenas como um professor necessário. Cada um desses incidentes provaria que nenhum homem deveria se preocupar com nada.

Isso pode ser uma mera coincidência, mas permanece o fato de que esse pequeno trecho de filosofia – "no final das contas, nada importa" – marcou o ponto de virada em minha vida em que comecei a sorrir para os fracassos. Quando comecei a sorrir em vez de franzir a testa para eles, eles se tornaram cada vez menos frequentes, e em pouco tempo as lições que aprendi com eles começaram a me levar aos meus desejos.

E se um amigo provar ser falso? E se você perder a sua fortuna? Você não entende que a sua verdadeira riqueza está em seu cérebro e em sua capacidade de servir, e não nos cofres de um banco?

Quando enfrentar uma situação embaraçosa e sentir a preocupação do velho homem colocando as suas mãos frias sobre você, lembre-se de que ele pode assustá-lo apenas com o seu consentimento, não sem ele. Está ao seu alcance proteger o seu coração dos golpes cortantes da preocupação, do medo e do desespero, e você pode fazer isso tendo em mente o fato de que "no final das contas, nada importa".

Essa filosofia me trouxe equilíbrio e uma calma que eu nunca havia sentido antes, e na própria imobilidade desse equilíbrio pude ouvir alguém cuja voz eu nunca tinha ouvido antes; uma voz que me guia para alturas que eu nunca poderia ter alcançado sozinho. "Em última análise, nada importa."

O carteiro que assobia

(Napoleon Hill's Magazine, julho de 1921)

> *Enquanto viajamos pelo caminho da vida, não nos esqueçamos de que não podemos levar nada conosco quando a Grande Caravana se aproximar e bater em nosso ombro. Portanto, espalhemos a luz do sol e a felicidade enquanto estivermos aqui, para iluminar o caminho de algum viajante cansado.*

Ao sair do elevador do lado de fora da porta do meu escritório, ele começa a assobiar uma velha e conhecida melodia.

Pego o ritmo de sua música e assobio enquanto escrevo estas linhas. A minha estenógrafa capta o ritmo da minha música e a mistura com o seu trabalho, e não duvido que os leitores desta revista captem o ritmo enquanto leem.

Ele é um humilde carteiro, ganhando a vida carregando um fardo pesado no ombro de manhã até a noite, mas presta um serviço de longo alcance assobiando em vez de amaldiçoar o destino necessário que o obriga a carregar cartas para viver.

Dê crédito a ele por estas linhas, porque ele me inspirou a escrevê-las. E se você tem uma mente que de vez em quando se volta para a filosofia da vida e procura a causa da felicidade e da tristeza, siga esse pensamento de volta à sua causa e analise-a.

Mais de cem mil pessoas lerão esta história do carteiro assobiando, e algumas delas, incluindo você, nós esperamos, captarão o pensamento por trás dela e o transmitirão.

Esta manhã, nuvens negras bloquearam o sol e uma garoa lançou um efeito de amortecimento sobre toda a nossa força no escritório, até que ouvimos o carteiro saindo do elevador enquanto assobiava *Pack up your troubles in your old kit bag and smile, smile, smile*[5] ("coloque os seus problemas em sua velha sacola e sorria, sorria, sorria"). Todos sorriram. Enquanto ele desaparecia pelo longo corredor, podíamos ouvir o eco de sua melodia, que ficava cada vez mais suave.

Não sei quantas almas esse carteiro alegra ao fazer a sua rota de entrega todos os dias, mas sei que ele sai de nosso escritório cheio de alegria e bom humor. Ele nos inspira a servir os leitores desta revista melhor do que faríamos se ele nos cumprimentasse com um rosnado na voz, ou não nos cumprimentasse. E nós, por nossa vez, até certo ponto, inspiramos os nossos leitores a imitar o carteiro que assobia.

5. *Pack Up Your Troubles in Your Old Kit-Bag, and Smile, Smile, Smile* é o nome de uma canção (marcha) da Primeira Guerra Mundial, lançada em 1915, em Londres. (N. da T.)

É uma pena que não tenhamos mais carteiros assobiando, açougueiros assobiando, estenógrafos assobiando, empregadores assobiando e estranhos assobiando nas ruas. Ninguém pode assobiar uma das doces melodias antigas e, ao mesmo tempo, manter ódio, desconfiança e pensamentos destrutivos em sua mente. Os dois não se misturam.

Este velho mundo pode suportar vários carteiros assobiando agora, mas até onde somos capazes de interpretar as necessidades da época, não temos utilidade para o resmungão ou o cínico.

Vamos todos assobiar para uma mudança. Talvez seja um pouco embaraçoso, mas, bem... e daí?

Experimente com sua esposa quando for para casa esta noite. Comece a assobiar ao chegar ao portão. Assobie enquanto se lava para o jantar. Assobie enquanto se senta para comer. E se ela olhar para você de soslaio, explique a ela que a partir de agora você decidiu que é muito mais fácil assobiar na vida do que rosnar, porque um assobio traz de volta um assobio, enquanto um rosnado traz de volta um rosnado e, às vezes, uma mordida feia para garantir.

Assobie, velho companheiro – seu velho pateta de boa índole! Isso pode curar a sua indigestão e salvar o seu emprego ou a sua empresa.

Você consegue!

(Napoleon Hill's Magazine, abril de 1922)

A menos que você faça parte daquela pequena minoria de seres humanos cuja atitude positiva e autossuficiente em relação à vida torna desnecessário que eles sejam encorajados e que precisem de refúgio em momentos de aflição, será sábio se tiver uma pessoa que lhe ofereça um ombro e diga gentilmente: VOCÊ CONSEGUE!

Se você visitasse o escritório desta revista em Nova York, seria saudado com estas duas palavras – VOCÊ CONSEGUE! – no momento em que entrasse no elevador, onde elas estão penduradas em um quadro bem emoldurado. Ao sair do elevador, você seria recebido com as mesmas palavras na porta da frente.

Ao entrar na recepção, você veria essas palavras em todas as portas das salas particulares e, a menos que estivesse com um mau humor incomum, sentiria a força dessas palavras tomando conta de você e enchendo-o de crença em si mesmo.

Se entrasse no banheiro dos escritórios, veria essas mesmas palavras no espelho. Você não encontraria nenhum outro tipo de inscrição em nenhuma de nossas portas. Na mesa de cada estenógrafo você veria estas palavras, "VOCÊ CONSEGUE!", em porta-retratos, e encontraria um deles como o único adorno de minha escrivaninha.

Talvez você tenha a impressão de que a frase "VOCÊ CONSEGUE!" nos quadros foi pensada para o benefício de quem visita os nossos escritórios, mas não. Os quadros foram criados pelo efeito psicológico que exercem sobre quem trabalha em nossos escritórios, desde o editor até o *office boy*.

O que todos precisamos, uns mais, outros menos, é autoconfiança em abundância. A sugestão é um fator poderoso no desenvolvimento da autoconfiança, e todos nós precisamos dela. A afirmação "VOCÊ CONSEGUE!" está fazendo maravilhas em nossos escritórios. Ela nos lembra, constantemente, que precisamos de autossuficiência.

A partir de agora, você verá essas duas palavras em todas as revistas publicadas pela Hill Publishing Trust, incluindo a *Napoleon Hill's Magazine*. Você verá essas palavras em praticamente todos os papéis timbrados que saem de nossos escritórios e no lado de fora de todos os envelopes. Muito em breve você verá essas duas palavras em cartões ilustrados, impressos em cores, nas paredes de todos os escritórios que visitar, porque fizemos esses cartões para distribuir gratuitamente a todos que os solicitarem.

Esta frase, "VOCÊ CONSEGUE!", é da época em que estamos vivendo, e queremos que toda a América capte o pensamento e seja guiada por ele. Estou me preparando para instalar uma estação de rádio em meu escritório, com a qual poderei falar a um público de mais de quinze milhões de pessoas, todos os domingos à tarde, com o objetivo de prestar-lhes um serviço que complemente o trabalho que está sendo feito por meio de minha caneta. Minha decisão de apresentar esse meio adicional de servir veio como resultado do "VOCÊ CONSEGUE!", que olha para mim por baixo do vidro em minha mesa e sorri quando entro em meu escritório.

Esta afirmação, "VOCÊ CONSEGUE!", está em quadros que foram instalados em nossos escritórios há apenas uma semana, mas todos aqui captaram o espírito deles, que está se manifestando na qualidade e na amplitude de trabalho que estamos realizando. Escreva a frase "VOCÊ CONSEGUE!" em alguns cartões e coloque-os onde possam funcionar para você, de modo discreto, silencioso e sutil.

VOCÊ CONSEGUE!

Seu objetivo principal definido na vida

(Napoleon Hill's Magazine, janeiro de 1922)

Esta é a época do ano em que as boas resoluções estão na ordem do dia; portanto, você pode achar proveitoso virar esta página e voltar a ela novamente, pois traz um pensamento do qual 95% das pessoas do mundo precisam.

Existe uma lei pela qual o pensamento é transformado em ação, e ação em forma material concreta, na forma daqueles bens mundanos que a maioria das pessoas está tentando acumular.

Posso lhe dar a fórmula simples com a qual você pode se valer do poder dessa lei. Escreva na primeira página de um pequeno caderno em branco uma declaração clara e concisa de seu objetivo definido na vida. As palavras com as quais você escreve essa declaração não são importantes, nem faz qualquer diferença quantas palavras você usa, desde que você faça sua declaração de forma precisa.

Em outro lugar do caderno, comece a escrever um plano definido para atingir seu objetivo principal definido e acrescente o que for preciso a esse plano, dia após dia, até que esteja satisfeito de que seja prático e completo.

Em seguida, passe a ler o seu objetivo definido e o plano para alcançá-lo todas as noites, pouco antes de dormir, e pelo menos uma vez por dia no horário mais conveniente. Ao ler, certifique-se de ter fé em sua capacidade de atingir o seu objetivo por meio do plano que criou para alcançá-lo.

Para ter certeza de que você terá essa fé, que é tão necessária quanto o plano e o próprio objetivo, leia ou afirme o objetivo, como você o escreveu em seu caderno, como se fosse uma oração.

Se você tem fé em Deus, esse procedimento só pode lhe trazer sucesso.

Estou em posição de assegurar-lhe que esse plano não pode falhar se o objetivo que você deseja for justo e correto e não infligir dificuldades ou desvantagens a outras pessoas. Portanto, observe a Regra de Ouro ao criar o seu objetivo e o seu plano para alcançá-lo, e o sucesso será seu. Isso é tão certo quanto o fato de que o sol vai se pôr no Oeste e se erguer no Leste na manhã seguinte.

Você pode fazer do ano de 1922 o ano mais importante de sua vida se adotar este plano simples e executá-lo persistente e fielmente por seis meses.

Você não pode falhar porque formou uma aliança com um poder que não conhece resistência!

O que é seu virá até você

(Napoleon Hill's Magazine, julho de 1921)

> *Todo provérbio, todo livro, todo ditado que pertence a ti para ajuda ou conforto certamente voltará para casa por meio de passagens abertas ou sinuosas. Todo amigo a quem anseia não a tua fantástica vontade, mas o grande e terno coração em ti, te prenderá em seus braços.*
>
> **– Emerson**

A lei da atração fará com que tudo o que se harmoniza com a sua personalidade gravite ao seu redor, assim como a limalha de ferro é atraída por um ímã. Não há como escapar dessa lei. Portanto, edifique a Regra de Ouro em sua personalidade se quiser evitar arrependimentos.

> *Move-se a mão que escreve, e tendo escrito,*
> *segue adiante. Nem toda a tua piedade ou o teu saber*
> *a atrairão de volta para que risque sequer metade de uma linha;*
> *nem todas as tuas lágrimas lavarão uma só de tuas palavras.*
>
> **(Omar Khayyam)**

imaginação, a maio

urso A Lei do Triunfo é possibilitar

massa a

Afortunado é o jo

capaz no campo de trabalho de sua esp

A imaginação é uma fa

Se isso não fosse

das as suas qualidades serão

utilizá-las da melhor maneira

cê pode não gostar do trabalho

maneiras pel